文芸社セレクション

日本という物語にサヨナラ

～空気を読まない人になる～

長井 潔

NAGAI Kiyoshi

文芸社

目次

はじめに　「本書から何を得られるか。社会問題としての空気」

　私は何かの専門家ではないしこの本は専門書ではない。本書ではひきこもりや精神障害の方、家族関係や友人関係に悩む方、学級や職場の関係や働き方に悩む人などの話が出てくる。それらの生きづらさを抱える方にとって、それぞれの個別の事項を超え、日本人として共有できる問題意識を示していかに乗り越えていけるかをともに考えるために書いた。日本の社会のあり方である社会構造をながめて、一人一人のそういった方への問題への対処につながるヒントもお示しする。また、そういう方の周りにいる家族友人のために、それらの方が何によって苦しんでいるのか、それらの人の個人の素因によっているのではなくて日本の社会がもたらしている側面を、それらの人になり代わって代弁したい思いで書いた。

　とはいえ、私は企業勤めの後ひきこもり支援を行なうＮＰＯ法人で10年ほど勤めていた。並行して主に精神障害者とともに働く障害福祉事業にも従事して20年近く続けているので、その話からはじめる。

彼らのうち医療にかかる人は薬の処方を受けている。精神の病状に対処できるよい薬はある。例えば被害的な観念や不眠や幻聴などに対処できるので、それらの症状に悩まされる人が使わない手はない。けれどもその苦しみの原因は何かというとそれぞれの症状ではなくて、それぞれの症状や困難に陥ったきっかけがあるはずだ。その多くは対人関係に端を発する。発症した個人に着目して精神の症状に対応する薬や他の治療法をあてがうことを医療モデルというならば、それは対処の方法にはなるが、原因に迫るものではない。最も根本的な対処は、そもそもの原因を取り除くことだと思う。し、発症してしまった人が全快することは難しいかもしれないが、発症に至りそうな人に有効な手を差し伸べるためには、周囲の人間関係を含めて原因を明らかにしていかねばならない。

また、ひきこもりと言えば「80 50問題」が知られるようになった。就職氷河期を経てひきこもりに陥った人が多いと言われる。その人が50歳、親が80歳にもなり互いに年老いていく今後をどう社会が支えるのかが問題になっている。このことだけを取り上げれば就労の問題として見られ、ひきこもりの本人に着目して本人に対する就労支援の拡充などが対策として言われている。それではひきこもりの問題イコール本人の就職難の問題ととらわれがちだ。これを就労（経済）モデルと呼ぶならば、それはしかしひきこもりの原因を読み解いたことにはならない。就職氷河期を通してひきこもりに陥った人が多いのは事実だが、多い少ないの問題に過ぎず、結局ひきこもりとは何なのか、よくわからない。ひきこもりの現場は多くの場合家族のいる場だ。その場で起こってきたことの中に原因があるだろう。例えば、ひきこもり支援は家族からの依頼により始まる。ところがひきこもりの本人がその状態から脱する兆しが見えた時に、支援を依頼してきた当の家族がそれをさえぎる動きをしてしまうことがある。本人がひきこもっているというより、家族全体がひきこもっているように見えた。ひきこもりの本人に焦点を当てるだけではない、より広範な理解の枠組みが必要なのだ。

また世の中には、ホームレスの問題、シングルマザーの問題、薬物中毒の問題、さまざまな依存症の問題など、生きづらさを抱える人は多い。それぞれの人がこのようなそれぞれのカテゴリーの中で原因を語られるが、それは果たして十分なことなのだろうか。

本書が示すのは一つの社会（学）モデルだ。新しい何かのモデルを提示することが本書の目的ではなく、それを通して対処を考えていくこと、何らかの生きづらさを抱える人により良く生きるヒントを与えることが目的だ。そして一番大事なことは、そのご家族や周りの友人方に対して、生きづらさを抱える本人になり代わって、何が問題なのかを説明する代弁者になりたい。そのことを通してよりよいつながりを広げていきたい。

私がこの本で例に出すことは私が経験してきた話に沿うことが多くなってしまう。また社会モデルも医療モデルや就労モデルと同じく、それぞれの方法論一つで個別の事案を解明解決するようなことはなく、それぞれのカテゴリーの専門家に任せるべきことは多い。だからといって社会モデルを語る意義がいささかも減ることはない。本来、社会モデルは生きづらさを抱えるそれぞれのカテゴリーに細分化して語られるものではなくて、この社会、つまり日本に住む私たちにとって共有できる内容であるはずだ。また、一見すると大上段に振りかざしたようにみえるこの切り口から、それぞれのカテゴリーの問題に意外な方向から光を当てることを狙える。私たちは何かの専門家ではないが、みんな等しく日本人の専門家だと思って、この日本の社会のことをともに考えていければよいと思う。

お互いに日本人の専門家である同志のあなたに、最初にお話しすることが「空気」だ。そして同様の概念として「世間」がある。昔から世間並みであるべしで、世間に顔向けできないようなことはしないようにと教わってきた。最近は世間という言葉はあまり使われなくなった。世間の範囲は比較的に目端がきくが、直接のつながりあるところよりは離れた関係を指すと思う。最近はもっと直接的な対人関係が怪しくなってきて、空気を読むことが必須になってきている。ＫＹ（空気読めない）が流行語大賞にノミネートされて以来、ますます普通に使われるようになった。空気を好んで使うのは若い世代だが、学級のいじめがクローズアップされても、一向になくならない。生徒たちはみんな空気に悩んでいると思う。とはいえ世間から空気に人々の恐怖畏怖の対象が移り、ミニマムな対人関係の話になってしまい、そのミニマムな関係の話として理解しがちだ。私は、実はこれはミニマムな話であると同時に日本人全体に関わる社会問題だと思っている。そんなばかな、と思われるかもしれない。しかし空気は今や、誰でも普通に使う。日本人の専門家としては、互いに最初の了解事項として使えるキーワードではある。ただし、このキーワードは最初に問題提起するだけで本書の過半には使われない。空気と世間の問題を扱うにあたり、それの分析をすることが目的ならばよいが、それの克服を目指して対策を打つためならば避けた方が良い。世間と空気は日本の世の中に必ずあるが、世間と空気を直視して扱うと、それを乗り越えられなくなると考えている。これらは取り扱いの厄介な代物なのだ。だからこそ今後も残り続けるだろう。このことを最初に次の章にてお話しして、その後、空気や世間に代わる社会問題としての枠組みを古典的な社会学の教科書から借りて説明していく。わかりやすいモデルが提示できれば、その枠組みからくる生きづらさに対処することもできる。その方法を提案する。

第一章「空気から物語へ」

空気とタカの目

数年前に目にした新聞記事を紹介する。最近世の中に広く認められてきた発達障害の症例をわかりやすく解説するために書かれた記事だ。

事例は中学生の女子で、

「彼女はもともと周囲から発達障害とは思われておらず少し付き合いが悪いかな、という程度の普通の女の子と思われていた。ある日中学の部活で、部員みんなで試合に行くのに駅前で集合することになった。その時他の女子部員たちから『私たちは先にコンビニで集まってから、みんなで一緒に駅まで行こう』と言われた。それに対して彼女は『面倒くさいから、私は一人で行くわ』と答えた」

事例解説者である医師は言う。

「中学生くらいの女の子は、グループで一緒に行動するのが好きですよね。駅で集合する時も、３００メートルも離れていないようなコンビニにわざわざ集まって、そこから全体の集合場所まで歩いていく。そういうのが楽しいのです……」

　そんな女の子同士の付き合いを自分から断るとものすごい変わり者とみなされるが、彼女はそれが面倒くさいと感じた、あるいは非合理的だと感じた。その後他の女子部員から仲間はずれにされて部活に居づらくなった。発達障害の一つの自閉症スペクトラム症の人は自分のやり方や関心やペースを最優先させる一方、仲良くなるための臨機応変な対人関係には興味がないか、苦手だ。そのために集団の中で浮いてしまい学校に行けなくなることもある、と解説をしめくくった。

　自閉症スペクトラム症は、一言で「空気が読めない人」と言われることがある。思春期に入ると発達障害の人はそれまでの人間関係の齟齬から、自己肯定感が低くなり、うつや不安などの二次障害が出ることもあるので、早期の対応が必要だと医療的には言われている。

　この例をどう思われただろうか。

　そうか、この女子のような子は確かに困ることが多いだろう、とまずは思われたと思う。ただし同時に「自閉症スペクトラム症」の定義の危うさを気になられた方もいるかもしれない。空気が読めない、小さな付き合いを断るくらいで、結局は本人が困ることになるから、と言う理由でそこに障害があると決めてよいのかどうなのか、とは思われたのではないか。

発達障害について、実は日本は世界的にも認定数が多いと言われている。海外からの情報だが国別に比較して日本が世界で一番多いとする報道もある。これは国ごとに包括的に調査された結果ではなくて、各国の地域的な調査から自閉症スペクトラム症と自閉症の発症もしくは認定の割合を取り出して比較している。だから十分に客観性が担保されているわけではないが、他の調査でも日本は上位に来ているようだ。この事実を踏まえると、さらに見方は変わってこないだろうか。どちらかというと本人の抱える問題というよりは、ＫＹ（空気読めない）などと言って、空気を読ませる日本の文化の方にこそ問題の根を感じないだろうか。一言でいうと日本の社会の「不寛容さ」も問題に上げられるべきだろう。

私はこの記事を初めに読んだ時に怒りを禁じえなかった。この例に出てくる女子は非合理的な物事をよしとしない、つまり、合理的な志向の人だ。その人が仲間はずれにされて、つまりいじめられて、それで困ったことになるから、その子に治療が必要だと言うのである。本末転倒もはなはだしいと感じた。集合場所は駅前だ。部活で決まったことはそれだけだ。数名の女子が先にコンビニで集まろうと誘った。そのことはかまわない。したい人はそうすれば良い。しなかった女子を仲間はずれにする？

非合理も甚だしい。部活にいづらくなったならば、非公式な「コンビニで先に集まる」話を優先させて、本人が部活で活動すること、つまり本人の学校における公式の権利を奪ったことになる。これは大きないじめ事件ではないか。

この解説を書いた医師は、自閉症スペクトラム症を説明するためのお話をしたのであり、わかりやすい記事だと思う。けれども一般の誰にも読まれうる新聞記事に書いたことは問題に思える。わかりやすく書くためとはいえ、いじめを容認して、いじめられた人に問題があると認定したと取れてしまう。

ジャンルが違うが、これは性的被害を受けた女性に対して「女性の方も服装に気を付けなければならなかった」とか「スキを見せていたのではないか」とか、被害にあった方を攻撃する言説と何ら変わらない。それよりまずは、いじめをなくす方が先決だ。非公式なやり取りを通じて部活の活動をできなくさせるという、公式の権利を奪ったことは認めてはならない。そう考える方が正当だろう。

これが「はじめに」にも書いた、医療モデルの弊害だ。あくまで問題の焦点を個人に絞り、その個人の問題だと記述する。これを社会モデルで考え直せばどうなるかというと、いじめを起こした人たちの行動や、その行動を容認する学級の場の環境に原因があるということになる。上の例では明らかに、まずは社会モデルで考えなければならない。

医療モデルは世の中に跋扈している。他に大きな医療モデルの弊害は、母性と父性にからめて記述される。いわく、母親からは特別な女性特有のホルモンが出ており、その母親との適正な接触や交流がない場合に何らかの欠如した子が育つとする論が大手を振ってまかり通っている。これは何の根拠もないので気にかけてはいけない。そもそも医学は自然科学ではない。厳密に言って何の科学的な証拠もない。ただ、臨床的に、効果が確認された医薬については厚労省から認可が下りる。効果は期待できるので必要なところで使用される。それは医学の成果なのだが、だからと言って、父性や母性などの、存在そのものがよくわからない事象について論じることは行き過ぎている。人を惑わすには効果がある。世のお母さんお父さんを困らせるだけだ。

ただしまずはそう言ってみても、ではどうしようか。何せこの日本はKYが流行語にノミネートされる国だ。空気や世間があることが当たり前で、それを言われてしまうと、そうだなあ、空気が当たり前にあるこの国で、自分が何かに巻き込まれないためには？　と、すぐに個人の対処の問題に焦点が移ってしまう。もちろん空気は良きことのために用いる場合もある。「まずは場の空気を暖めよう」などとも使われる。しかしネガティブに使われることの方が圧倒的に多い。いじめを認めるわけにはいかない。しかし空気はいつの間にか攻撃の的を作ったりする……。

もう一つ別の例を出す。これは「世間」に関することだ。

ひきこもっている若者のところに訪問する活動をしていた時に経験したことだ。長い間一人暮らしのマンションの自室にこもっていた若者が、訪問者が引っ張り出そうとするのに抵抗していたが、外へとつながるドアを出たとたんにおとなしくついてきてくれた、ということがあった。ドアが境目で、その外は世間だったのだ。世間に対してはおとなしく普通の人の行動のようにしなければならない、世間をお騒がせしてはならなかったのだろう。

また私は、元ひきこもりの人が社会参加につながるまでの橋渡しとして、彼らが通ってこられる居場所を運営する仕事をしていた。ある人が、居場所に来る日と来ない日があって、聞くと、近所の人と出会いそうなタイミングでは家を出ることができないから、そういう時は欠席になる、とのことだった。いわゆる「世間の目」ということかと思い、世間に関する本を読み始めた。世間とは結局なんだろうと思い、実体がはっきりしないシロモノに振り回されることはやめるべきだと、文章にまとめ、それを支援団体の冊子にも載せてもらった。

その文章に対して「結局のところ世間という障壁があるではないか」との反応が聞

こえてきた。世間を気にしていてはいけないという趣旨の文だが、逆に、ひきこもりから脱することのできない理由として持ち出された。「世間」を言った時点で、それはおそろしい圧力であり、確かに世間の目は避けておとなしくひきこもっていなければならない、という感情を促進する。これではだめで、世間という言葉を使っては何も解決しないかもしれない、と考えざるを得なかった。

もちろんそれはひきこもりの当事者の反応であって、そのような反応をしてしまう本人の問題だと考えることもできるかもしれない。しかし世間の概念は本人が作ったものではなくずっと昔から日本にあるものだ。世間という言葉は今でも意外な拍子に出てくる。2016年に、日本を代表するアイドルグループだったSMAPが解散騒動を受けて、主演バラエティー番組『スマスマ』で本人たちが時別な挨拶をすることになった。冒頭に木村拓哉さんが「我々SMAPのことで世間をお騒がせしました」と言ったのを見てびっくりした。「世間」は今も生きているのだ、とあらためて思った。その世間を強く意識してしまう人がいたとして、それはその人だけのせいだ、とは言えまい。反応様式は人によりけりとはいえ、日本の社会に普通に流通する概念が先にあるのだから、これは社会に存在する問題ということになる。

世間と、そして空気もそうだが、そのことを言えば、日本人ならばああ、それそれ、と何らかには了解できる概念だと思う。そしてそのことを言ったとたんに、それはあらがえない実体であり、それがあることを前提として、個人として、どう対処しなければならないか、という発想に移ってしまう。空気を読めない人には、その人の持つ問題として現れてしまう。それで特性のある個人に対して治療しましょう、という文脈が成り立ってしまう。

それにどう対抗するか、考えるために、とりあえず図に書いてみた。

図表・1

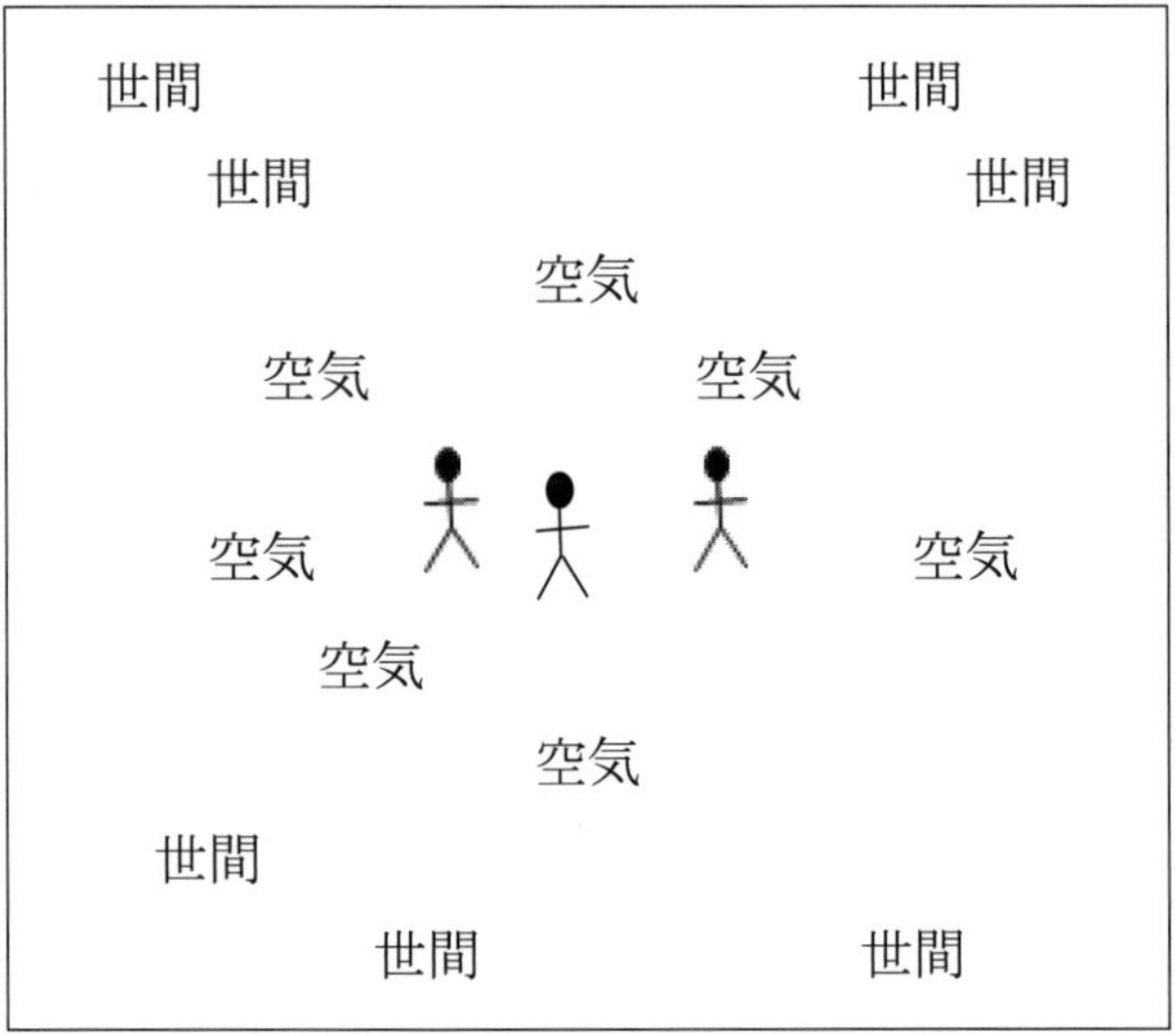

世間と空気を図示してみるとこのようなものか。空気は身近な人間関係の中にも発生すると思われる。仲間内でも問題になる。それと比べて世間は仲間内というよりはその外側、少し距離感があって、しかも、全く疎通しない遠い地平でもないところにあるといったイメージだろうか。

さて、空気や世間の問題に対処して克服することが本書の趣旨になる。そのためには、別の言葉や別の枠組みが必要になるだろう。私は学び直すつもりで社会学の教科書、特に「日本人論」と言われるものをあたった。ふさわしいと思われたのは中根千枝さんの社会構造論だった。中根は日本を「場の社会」と表現した。場が主体となり、そこで相互に関わっている個人を主役にするというよりは、場を主役にしている。つまり人を見つめる視点から違う。先の図式に書き加えると、

図表・2

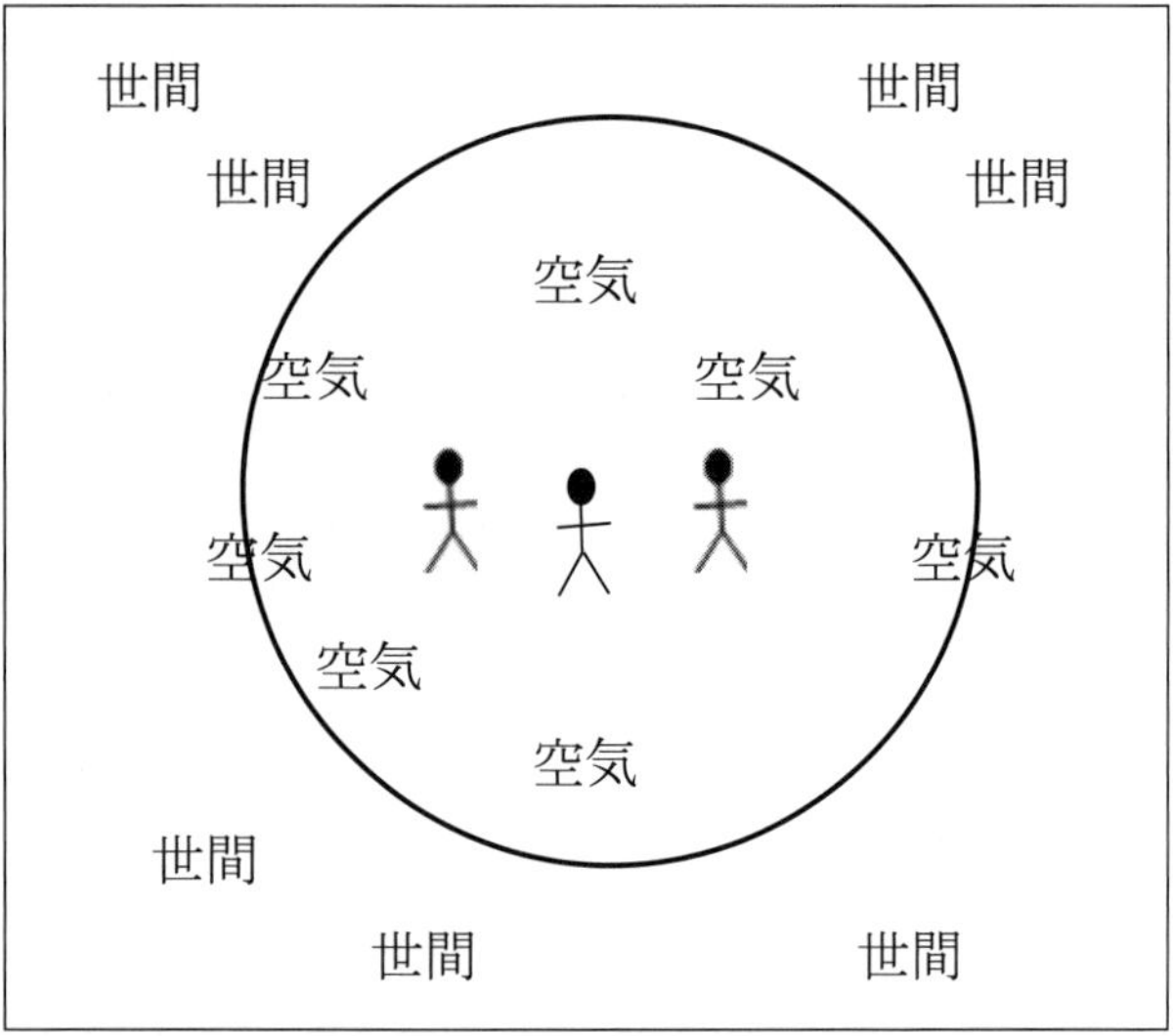

中根の言う場は、比較的親密圏にある小さな集団だ。「小集団」と言っている。社会学の用語の「プライマリーグループ」とは言わずに独自の概念とした。小集団の範囲をちょうど人々が空気と呼ぶ範囲と、世間と呼ぶ範囲の境界に設定すると望ましいと考えられた。図の中の円形にあたる。このことにより空気と世間の性格も分かりやすく浮かび上がるかもしれない。

さらに、日本の社会にあるいくつもの小集団から共通する特徴を抽出するとなるといくつかを並べてながめ比べることになる。すると高い視点からながめ下ろすことになる。鳥が上空から人をながめ下ろすイメージがちょうどよいのではないか。タカの目の視点となる。こうなると人と人の間にある空気を気にするよりは、全体として小集団の性格や、小集団がどのように動くのかに注目することになる。

そうやって得られた特徴は、日本の独特のものだろう。中根は1960年代にインドを研究した社会学者で、その視点から日本を顧みて特徴をまとめた。巨視的な考察であり中根の著作には空気とか世間とかの言葉は出てこない。しかし図のように空気や世間がまとわりついているところの小集団の枠組みを性格づけられれば、おのずとそれらの性質も見えてくるだろう。全体としては日本の社会の特徴が見えてくる。中根と同じく巨視的な観点から考えれば、これらは国民性や伝統から由来するのであって、他の文化圏にはない特徴だ。中根が考察した当時のインドの社会のあり方は日本のものとは相当に異なっている。他にもまた別の類型となる文化圏を指摘している。

このことが、私が中根の著作を取り上げた大きな理由となっている。日本人論は80年代ころまでに流行のようにとても多くの学者や作家によって書かれてきた。他の著作と中根の著作が明らかに異なる点として、実際に社会構造の大きく異なる別の社会をフィールドワークしてきた者として、逆カルチャーショック、つまり他国に驚嘆するのではなくて他国を見分した結果日本に驚嘆しているような、振り切った視点を感じるのだ。私たちも振り切った視点からタカの目で考えてみれば、この社会の問題への対処も考えやすくなるのではないか。

これらは国の体制そのものとは異なるので注意が必要だ。国民としてはそれぞれの国の社会の体制にのっとって生活している。民主主義であったり専制主義であったりするが、その体制として共通する国々にはおおむね似通った社会のルールが存在する。中根は、そういった体制に共通するものではない地平として、社会構造を見た。つまり、ある社会構造を持つ国では、人々はその社会構造にそって生きているのだけれども、明文化されたルールということではない。考えてみれば、日本人は世間をお騒がせしてはならないらしいが、日本国憲法や民法や刑法に「世間をお騒がせしてはならない」とは一言も書かれてないだろう。同じようにそれらの基本法に「空気を読まねばならない」とは書かれていまい。だがそれらが人々の行動を縛っている。中根はそのありようを「社会構造」と表現した。ただ、社会構造と言ってしまうと固定的な規律で、動かすことも対処もできないものと位置づけられるのであれば、それには多少の異論を加えたい。

社会の明文化された体制ではないが日本の人々を縛るものについて、私は「物語」と呼ぶことがふさわしいと考える。

物語とは

日本語の「物語」よりも広い意味で語りを表す英語が「ナラティブ」というものだそうだ。大治朋子さんの『人を動かすナラティブ』では、そもそも人というものは事実やデータではなく物語の形式で考えるもので、いかなる人間も集団も国家も、独自の物語や神話を持っている、とのイスラエルの歴史学者の解説から始まる。また養老孟子さんへのインタビューで、歴史書や教科書に書かれていることなど、個々の出来事は断片的でそのままでは頭に入ってこないが、それらをつないで一つのお話にしてナラティブの形式にしていくと受け取る者の脳にも収まりやすくなる、と語られている。

この本によれば例えば安倍晋三元総理を銃撃した事件の犯人は、バットマンシリーズの映画『ダークナイト』の主人公であるジョーカーに共感を覚えていたらしい。不遇な家庭環境などから自分を被害者とする物語を強化して犯行にも及んでしまった。健全にアイデンティティーを育むことができなかった人が、他者から吹き込まれた物語に容易に影響を受けて犯罪行為にも至ったことになる。こういった、人を動かしてしまうナラティブが、今や世界を舞台とするＳＮＳ上でも、戦略的な大衆心理操作に使われていることなど、伝えてくれている。

しかしそれだけではない。人の心の問題を解決に導くものもまた、ナラティブだ。ナチスの迫害に苦しめられたユダヤ人が晩年になってからＰＴＳＤにとらわれてしまい、その大変な影響力から抜け出した手段として、自分のナラティブを自ら再構成していく過程が語られている。物語は作り直すことができるのだ。

本書の場合は特段には、犯罪や、大きな事件とか国家の戦略や陰謀などについて書こうというものではない。外形上は普通に暮らす日本人が普通にとらわれている物語を描く。問題がなければ考える必要もないかもしれない。しかし生きづらさを抱えている人には「しょせんは物語だった」と言える未来が必要ではないかと思う。個々の人間はもとより、集団や国家さえも物語を持つというわけだから、それは法律に明文化されていないものの人を縛る規制にはなっている。そういうものとして、これから中根の社会構造論を見ていくことになるが、物語として作り直していける構えを持ってのぞもうと思う。

私自身、外形的には特段問題があるわけではない家庭に育ったが、若いころに自分を縛り苦しめる観念に対して、もう挫折するしかない、ときわまったことがある。完全にあきらめた時に、普通にナイフで手首を切ろうとしていた。幸いなことに実際に自殺する勇気までなかった。自分がきわまったことについて何かがおかしい、何か、自分とは違う外から観念を押し付けられてこなかったか、なぜ自分がこんなに追い詰められたのか、突き止めるまでは死ねない、と感じた。結果として、その直後から私は別の物語を再構成していくことになった。

ここから、日本という物語を静的に整理して伝えていくことになるが、その先にはこの物語にいかに対処していくかを書き進めたい。一人一人の生きづらさ、窮屈さから解放されて生きよい人生を得るために、日本という物語からサヨナラすることが目的だ。

第二章　日本という物語の骨組み

場の社会と小集団

前章で触れたように今でもうわさのように使う「世間」と、若い世代が好んで使う「空気」の言葉を円で区切ると一つの空間ができる。この中の集団を小集団と位置づけ、中根が規定した社会構造論に結び付けることとなる。

実は日本という物語からサヨナラするために、このたった一つの操作が決定的な役割を果たすことになる。

まずは小集団とは何か見ていく。

中根は社会集団の構成要因を大きく二つに分けることから始めた。ある集団が構成されている第一の条件として集団を構成する個人が共通した「資格」を持つことと、集団を構成する個人が共有する「場」があることの二つに分けた。「資格」は普通使う意味よりずっと広くとらえており属性のようなものだ。生得的な家系や血統も、また個人が獲得した学歴、地位、職業、また老若男女の違いなどのそれぞれを「資格」

とする。一方で共有する場に注目する構成要因は、先のさまざまな資格には全くとらわれておらず、ただ、一定の地域や所属機関のように一定の枠の中で個人が集団を構成していることを指す。最も身近でまた最も小さな枠は一つの家になる。

二つの構成要因はすべての社会でともにあるものだが、社会によって重きが異なる。そしてインドの社会と日本の社会は両極端に異なっているという。インドはカースト制により、その身分と職業とがはっきり分けられている。資格による構成集団の代表だ。逆に日本人の集団意識は圧倒的に場に置かれている。日本が場の社会で、資格よりも強調されているということを一つ例に出す。日本では血縁関係があっても家を出ていった子供よりも、血縁関係はないが同じ家に住む長男の嫁の方が構成員の資格を強く持っている。日本は「遠くの親戚より近くの他人」の社会であり、このような社会を場の社会としている。

このような日本社会の人間関係の強弱は、接触の長さや厚みにあるとする。企業における年功序列制（現代ではそこまで重視されていないが、中根の本に書かれた時代ではまさに雇用の代表の形であった）がわかりやすい。同じ会社に勤め続けることが常態で、転職するとそれまでの会社での人間関係はすべてご破算となる。複数の異なる所属が行なわれず、日本では頼りになる所属集団はただ一つだけだ。場を構成する所属集団の中でも、核となる小さな集団が特に重要になり、これを「小集団」とした。小集団の構成員数は2人から20人ほどだが、最も心地よい小集団は5人から7人とする。その代表としては家族が考えられる。他に分かりやすいものは企業における一つの所属部署となる。会社全体だと規模が大きすぎて一つの場としては機能していない。所属部署となればだいたい20名以下にはなるのでちょうどよい。それと裏腹にある事象が「セクショナリズム」である。企業が、全体最適を目指さずに所属する部署にとって都合の良い「部門最適」を目指してしまう弊害のことを言う。中根の本にも「セクショナリズム」は何度も出てくる。企業組織の中で一つの現場があるとして、そこで働く人は直属の上司よりもさらに上位にある人の命令を聞こうとしない。自分たちの世界（小集団）に属さない人の命令は、たとえ自分たちよりはるかに上位者であることがわかっていても行なわれがたいものだ、という。それほど小集団が重要である。

個人が参加する集団の単位はつねに小集団となる。より大きな集団も当然、日本の社会にはいろいろある。しかし大集団に所属する方法は、小集団として所属することになり、個人が直接に大集団に所属することにはなっていない。仮に個人が大集団に直接所属する場合があっても、その個人が小集団におけるほどの集団帰属の強さは全く発揮されない。基礎はあくまで小集団にある。だから個人が社会に出ていく各段階において、それぞれのタイミングでの小集団での経験が社会生活や人間関係を築くための育ちの場となる。まずは家での経験、次に学校の学級の場における経験、そして仕事をするようになってからの職場での経験が、個人のパーソナリティの形成にとって大きな役割を果たすことになる。

小集団と空気

小集団は、構成員同士の直接の絶え間ない接触により持続する。そこに何らかの資格も必要ではないのでこのことが最重要となる。個人が複数の集団に並行に属することはできないので、集団の中での「仲間はずれ」は日本人にとって最も厳しい制裁となる。仲間はこの場を契機としてできるものなので、個人と個人とが一対一で仲良くなっているわけではない。集団の中で二人以上の人々と同時に近い関係を結ぶことになるので、実は仲間と言っても、小集団の人たちは皆が皆好きな人たちとは限らない。好きというよりは、とにかく仲良くやっていかねばならない関係だ。個人の好みは抑制されたり、友情の形成にとても長い時間がかかったりする。仲間の誰とも仲間はずれにするなどということはできるだけ避けていかなければならない。こうした場のより良い運用のためには「生きるための知恵」のようなものが発達する、という。

ここまででおわかりになったかもしれない。「生きるための知恵」と中根が言ったものが、今の若者が口々に言うところの「空気を読む」に相当している。中根は「空気」などの表現がなかった時代の人だが、同じ概念をすでに提示していた。先に図示したように、仲間はずれにならないための工夫をする必要のある、小集団の中で、空気は発生していると言える。

先にも書いたように、成長の各段階での小集団での経験が社会生活や人間関係を築くための育ちの場となる。まずは家での経験、次に学校の学級の場における経験、そして職場の経験が個人のパーソナリティの形成にとって大きな役割を果たすのだが、小集団はそれぞれでまとまっており外からはうかがい知れないところがある。生きるための知恵というが、数名の成員からなる集団の性質はそれぞれ独特に発達する可能性が高い。家での経験が学級での経験にどう影響するのか、そしてその後就職するようになって職場にどう働きかけるのかによって、結果的に成員の誰かに生きづらさをもたらすものになってしまっていると思われる。極端なたとえ話だが、家で他の誰かに発言権をひたすら譲ることによって小集団を成り立たせてきた人が育ったとして、その人が次の段階の学級のグループに所属するようになった時に、その構成員の中に、他の人を圧倒することで育ってきた人がいれば、一方が何かと押し付け指示し、一方がただひたすら耐える関係ができてしまうだろう。それらの人はそのように家の中で育ってきたので、なかなかその態度を変えることはできにくい。すると結果的にとても簡単にいじめる関係といじめられる関係が作られ強化されていくだろう。実際問題、学級のいじめだけでなく、職場での過剰な労働環境の問題なども、その企業全体の風土はあるかもしれないが、実際に行なわれてしまうのは小集団の単位である当該一部署が舞台となっているだろう。小集団という単位があることは、日本人をその中で楽しく暮らす契機も十分にもたらすが、何らかのボタンの掛け違いが生じることにより、苦しみや生きづらさを生む土壌にもなりうる。日本の社会問題のすべてとは言わないが多くは、案外にミニマムな数名の集団内で起こっていると考えられる。小集団が舞台だと思う。

小集団とタテの序列

そのような舞台で、何らかの衝突を避ける装置、何らかの対処の方法があるはずだ。中根は答えている。

小集団がどのようにまとめ上げられているかについては、集団内の序列が決定的な役割を果たしている。これも何らかの資格でもって決められた序列ではなくて、たいていは年功などによっている。つねに互いに接触していること、その中の年功の長であることなどが序列の上位にいられる条件だ。そして集団がうまくまとまるかどうかは、タテの序列による指示連絡に依存する。同じ環境や境遇などの資格を通してヨコ同士がつながることはない。職場で言うと同僚同士よりも直属の上司と部下の関係の方が強い結び付きとなる。序列の構造により、上位の者が意思決定の要とは言えるかもしれないが、上位の者としても好き勝手に振る舞えるという性質ではない。彼らにとっても小集団は帰属の唯一のものなので、慎重に大切に付き合えないといけない。リーダーシップを発揮する場面は少なく、下位の者の顔を窺うことが通例となる。上位だからという理由で心地よいわけではない。

図表・3

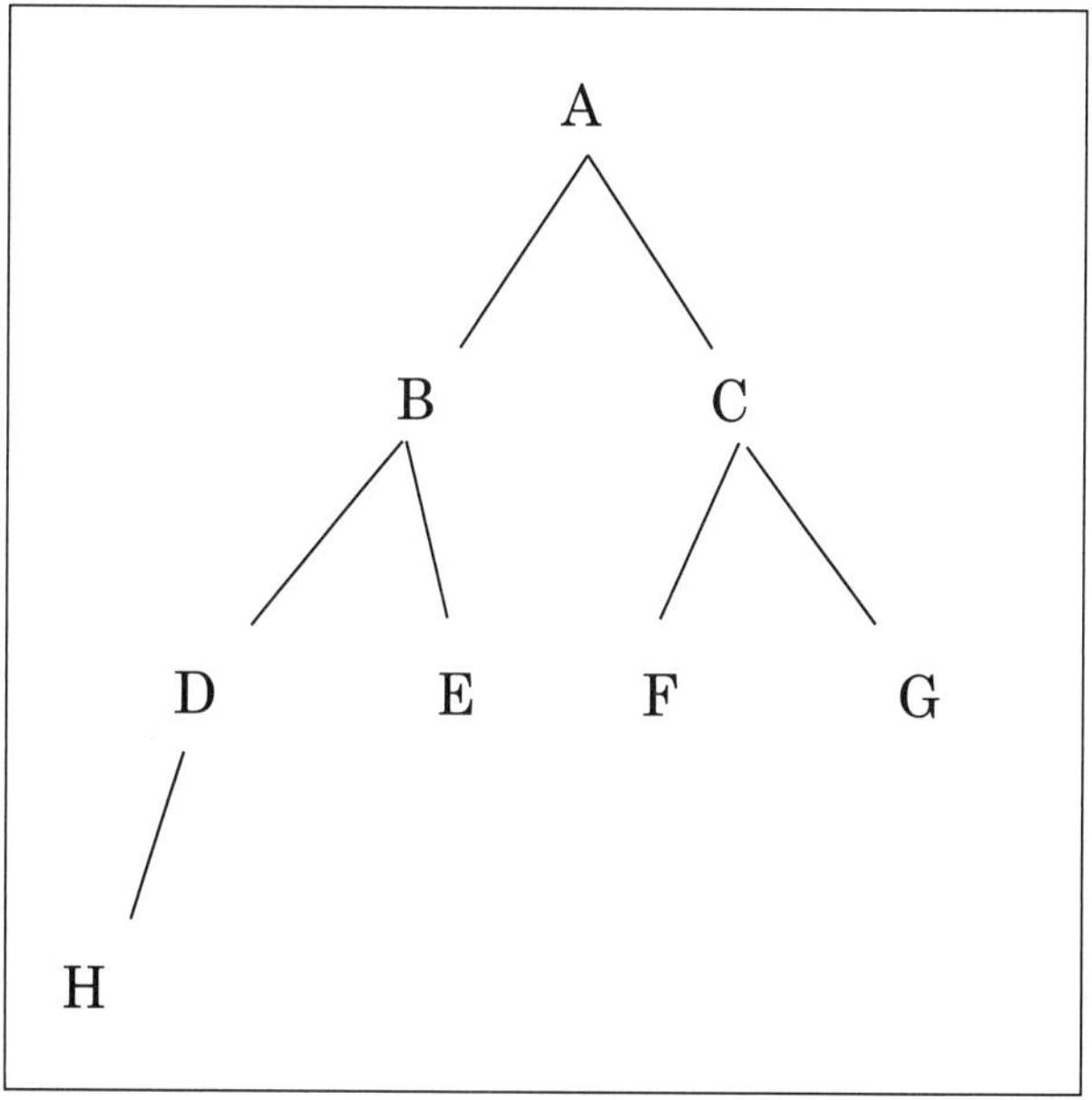

小集団の中でのつながりを表す図になっている。タテの序列によりつながるので、例えばBはAやD、Eとのつながりが強いがCやFとのつながりは強くない。職場にあってBが直接CやFなどに指示を出しても通りにくい。しかしAを通して伝えることでスムーズに連携が取れることになる。もしもHが外からこの集団に入る希望を持つ場合には、集団内の誰かを通して依頼することになる。図ではDだが、Hが加盟するに際してHと他の成員が直接に認め合うというよりは、主役はDであり、Dの「顔を立てて」入ることになる。もちろん序列はDの下の最下位となる。集団のまとまりのためにはAの存在が不可欠となる。Aが脱落することで集団は崩壊の危機に面する。またタテの序列が大きくなりすぎると分派が形成されて枝葉が分かれることも往々にしてある。

このタテの序列は現代の組織運営にもみられるようだ。ある地方自治体で、商業活性化のためのタウンミーティングを定期開催している。役所の担当部署が主催して、商店街その他の、商業活性化に関心を持つ人々が集まる。参加のためには、すでに参加した経験を持つ人からの紹介が必要だった。このタウンミーティングはスマホアプリのLINEグループを作っており、紹介者の招待によってつながることができる。現代の便利ツールを使ってタテの序列による統制を実現しているのだ。

　ここで注目しておきたいことは、リーダーが心地よいわけではない、ということだ。家にあっては家長である父親がリーダーであるAに相当するのが通例だが、絶対ではない。そして下位の者をうまく従えなければ軋轢が生じる。日本の社会構造で第一義にあることとは小集団の形成であり、タテの序列による運用は二義的なものだ。小集団が仲良く運営されればよいが、問題が生じた時には破局か乗っ取りが生じる。つまりAの座をBやC、あるいは他の誰かが奪い取ってしまう。ひきこもり問題で、本人が家族に暴力をふるう構図が時折みられる。この図で言うところの、小集団内での乗っ取りが生じたと言える。そこで本人に問題があると言うのは簡単だが、これは小集団内での序列による運用の失敗だ。本人にだけ注目しても解決しない種類の問題が生じていると思われる。

　さて、この小集団からより大きな社会構造への連なりはどうとらえていけばよいだろう。中根によると小集団は、他の小集団とともにより大きな集団の一部を構成しているのが通常となる。例えば企業に係長、課長、部長とあるように、係から課、部へとより大きな枠組みによって運営されている。他に、いくつもの派閥が集まり一つの政党が成り立っていることなどがある。また、こういった大集団たちが、互いに緩くつながっている構造もある。系列とよく呼ぶ。それ以外にも、さらに緩いがつながっている形もある。何かの協会といったものになる。そういうつながりの中での規則もまた序列となる。互いに了解している格付けがあり、タテに連なっている形だ。

それと比べて例えば異なる系列同士であれば、激しく争うことになる。系列の中ではどれも一揃えをそろえておくことが肝要になる。他の国では社会の中でオンリーワンの位置にあろうと企業は動くものが多いが、日本では互いにワンセットずつそろえて過当に競い合っていることが常態としてあった（中根の、昭和の時代の姿であり現代で不必要な過当競争はさすがに減ったと思われる）。

タテの序列は大きな特徴になるが、その上位の者同士の中では、やはり小集団が形成されている。企業内では課長会とか部長会とかが小集団の単位となる。政治でも、政権与党のトップが官僚たちや企業のトップの人たちと形成する小集団がある。

そうやって小集団と序列を通して、日本の社会はさまざまな集団が関係しあうことになる。ヨコの連携は全く発展していないが、系列のタテの序列を通してならば、驚くほど速く意思決定がなされて物事が動いていく。異なる集団であっても、より関係の近い集団間では隣り合っている形だが、明確な規律はないので、隣同士で押し引きするような形で物事がじんわり動くことはある。これを中根は、権力ではなく「圧力」と呼んだ。

日本人はこのような、全体として力学的なバランスから物事が動く社会で生活している。大事なことは小集団にあって仲良くやっていくことだが、外の集団のことは基本的によくわからない。このような社会で、日本人が真に法規制に照らして行動するようなことはなく、周りの人々にてらして、あるいは合わせて行動することが習慣づけられている。法の規制は受けないが、力学的なバランスによる規制を、規制という認識さえなく、肌に感じながら行動しているという。そう中根は言うのだが、これは言い換えれば「世間並みに」ということだと思う。周りの人々に照らし合わせて行動しなければならないこととは、今の時代の言葉で言えば世間からの「同調圧力」ということになるだろう。つまり世間は小集団で区切った円の外にあり、それは明文化された法ではなくて、人々が何か感じ取って行動せねばならない規律なのだ。

小集団と世間

ここで世間という概念をどういうものとしてとらえればよいのか、詳しい解説を見てみる。阿部謹也さんや鴻上尚史さんや佐藤直樹さんがいくつもの解説を世に出している。例えば鴻上は世間の特徴として①贈与・互酬の関係（贈り物をする。贈り物をいただいたらお返しを必ずする）、②長幼の序（年功序列を守る）、③共通の時間意識

（みんな同じ仲間であり、みんなとの同じ時間を共有することを大切にする）、④差別的で排他的（仲間に対しては気を遣うが仲間を外れた関係に対しては人を人とも思っていない振る舞いをする。仲間の範囲を明確にするためにも差別やいじめが存在する）、⑤神秘性（「迷信」や「おまじない」や「ジンクス」や「しきたり」を信じていてそれを守ることを要請されている）、という5つを挙げている。鴻上の世間や空気に関する解説は、阿部や佐藤の世間に関する解説を踏襲しながら、特に現代的な空気に関して詳しく、ていねいでわかりやすいので参考になる。なかなかあらがえそうにない空気や世間に対して、まずはしっかり分析できていると、それへの対処も考えられる、という趣旨で解説されていると思う。

だから単なる世間や空気を説明する本ではないのだが、本書の場合は、さらにこれを大きく振り切って割り切ってしまおうとしている。世間とか空気とかの表現を使うだけで、それはまあ、あらがえないものだ、ととらわれてしまいがちだからだ。また、鴻上の解説では世間や空気の空間的距離が必ずしも明確ではなくてずれも感じられる。また小集団という枠組みを使うことでしかうまく説明できない事象があることも理由になる（第三章、第四章で示すことになる）。

そこでここでは今までの枠組みを利用して先ほどの世間の特徴を位置づけてみる。

世間は集団の間に発生するのだが、特に強調してきた小集団というよりも、それより少し大きな枠組みで起こってることだと思う。先に書いた通り、日本人にとって大事なことは小集団にあって仲良くやっていくことだが、外の集団のことは基本的によくわからない。このような社会で、日本人が真に法規制に照らして行動するようなことはなく、周りの人々に照らして、あるいは合わせて行動することが習慣づけられている。つまり世間は小集団というよりは中集団もしくは大集団までの範囲の中で起こっている事象である。

その中で、①贈与・互酬の関係は、主に集団の内部にある形式のようだ。お互いの直接の接触による関係強化の確認のために用いられるツールとなる。②長幼の序は、先に書いた通り、小集団内部を統制するための大事なルールだ。主に年功序列によるタテの関係である。③共通の時間意識は、これも主に小集団内部のお互いの直接の接触による関係を分厚くするために、それこそ直接的に行なわれている様式だ。④差別的で排他的になるのは当たり前で、これは小集団の内部と外部とを区切る印になっている。厄介な問題であるのは、差別する印（いじめられっ子）を設定することで、その内部に小集団が出来上がっていることを確認するというような使われ方もされている点だ。⑤神秘性も、外から見れば不合理にしか思えない行動も、ある集団の内部では直接接触による関係の確認のために必要になった儀式や伝統であれば、これを必ず守ることになるので、妙なしきたりが残り続けることになり、その結果だと思われる。神秘性に関して、鴻上の他の例では、犯罪を犯した子供の親が、世間からのバッシングにより自殺してしまう例を挙げられている。また、犯罪が確定していないのに逮捕された瞬間から、仲良くやってきたはずの隣家が世間から弾き飛ばされることを書いておられる。実に不合理なことだが先に書いた小集団内部の例とは異なり、小集団と小集団の間では圧力としか言えない力学的なバランスによって押し引きがある、その一形態だと思われる。犯罪を犯した子供の親は同じ小集団にいる者として、主体は個人にはなくて小集団にあるのだから、世間的にはその小集団が罰せられてしまったと言える。隣家が逮捕された瞬間に世間から追い出した、言い換えれば近所付き合いという中集団から追い出した理由は、中集団の間には正当な権力による規制があるのではなくて圧力としか言えない押し引きしかないので、当然、犯罪が確定するかどうか、権力によって判定される結果など待たないし、いかなるバッシングをも恐れればさっさと追い出してしまうのが常なのだろう。

これらを図示すると以下のようになる。

図表・4

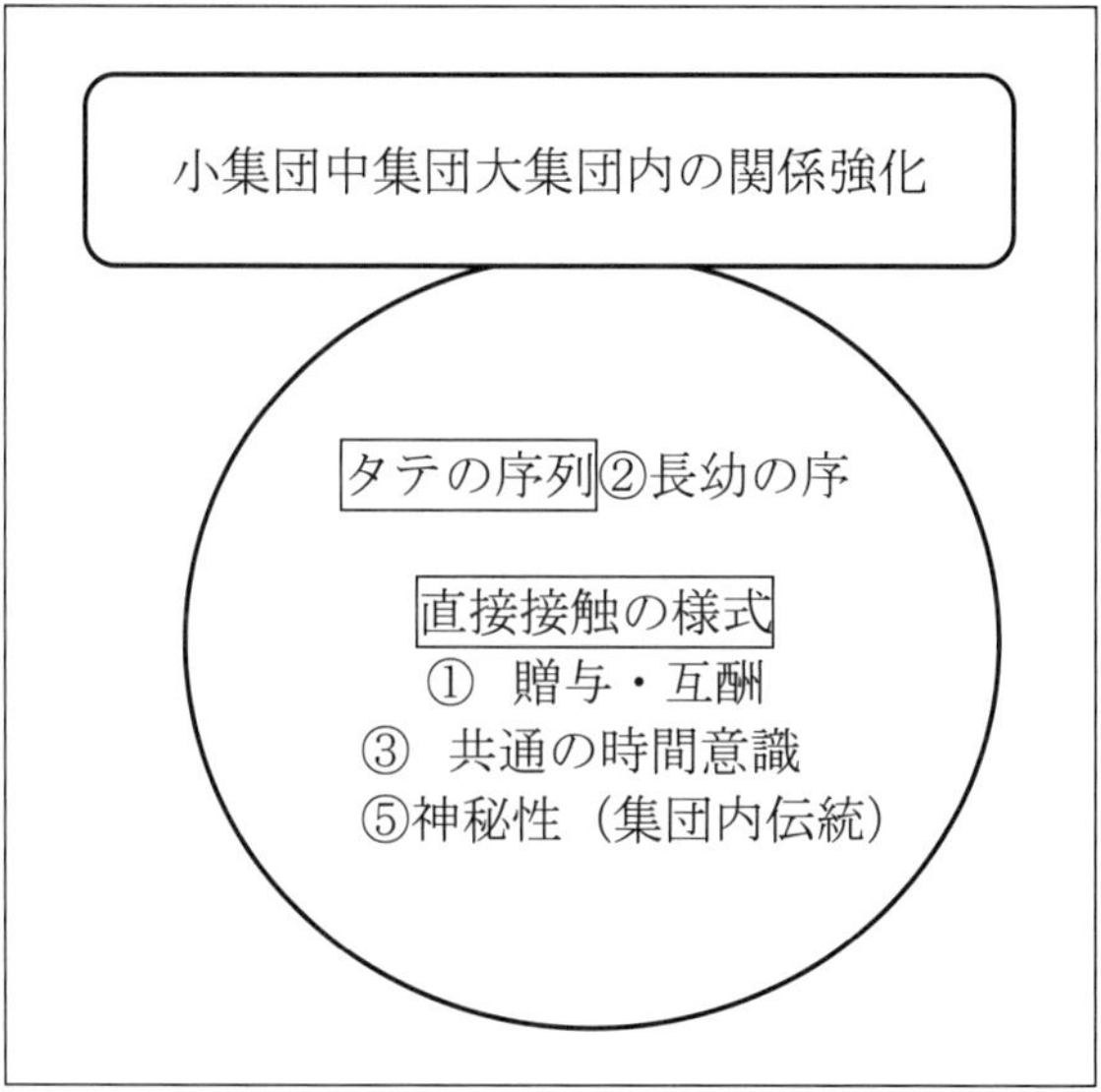
小集団中集団大集団内の関係強化
タテの序列②長幼の序
直接接触の様式
①　贈与・互酬
③　共通の時間意識
⑤神秘性（集団内伝統）

図表・5

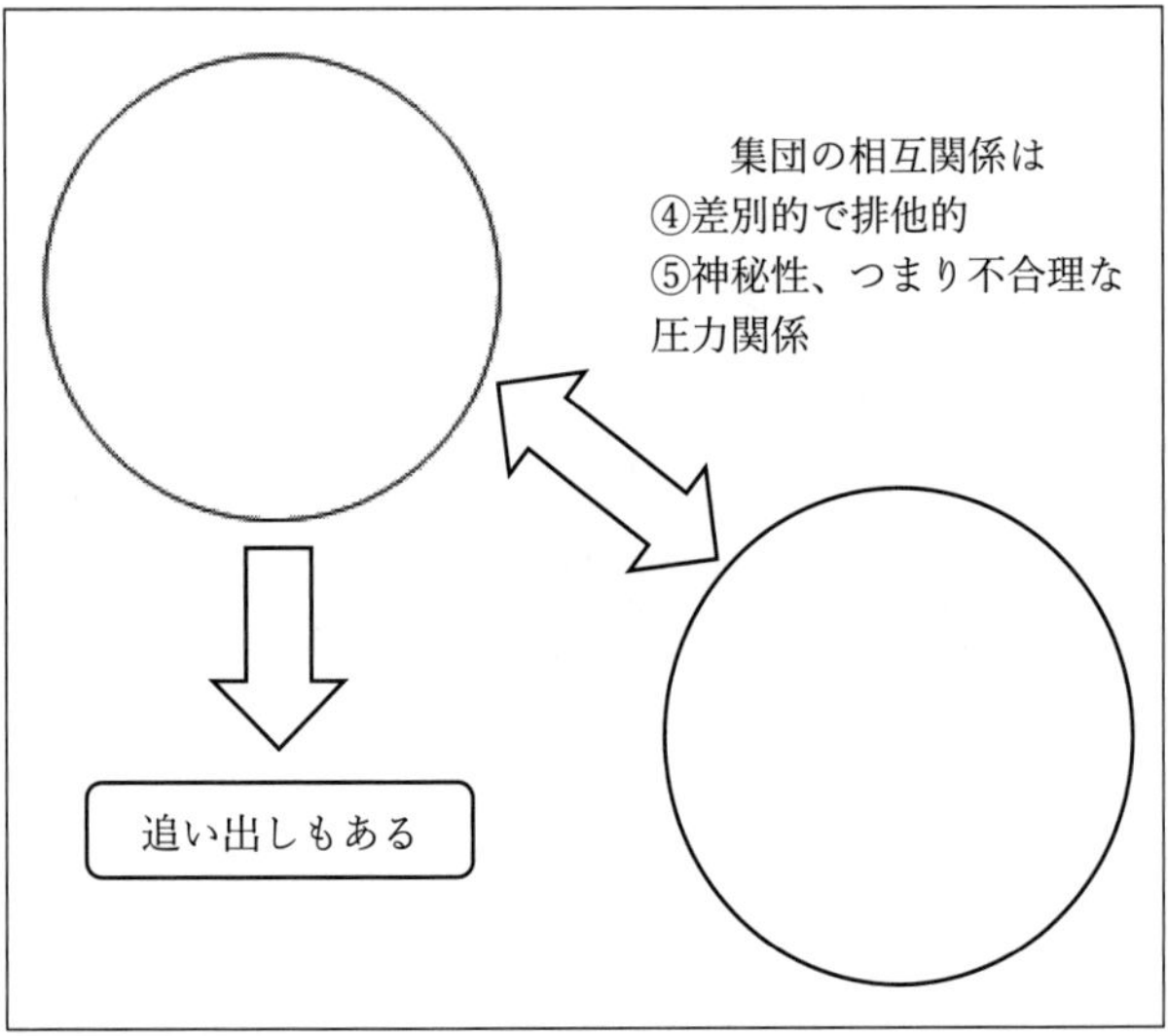

　本書では世間の話を真正面からとらえることを避けるために中根の理論を引いたので、これを用いて上記のようにまずはざっくりと押さえておこうと思う。実際に人の行動を縛る世間が、法とは縁もゆかりもなく、感じ取ってつかみ取って同調していかねばならないものとしてイメージできれば良い。大事なことはそこからどうサヨナラしていけるかだが、それの一番初めに行なうべきことはすでにできた。まずは対象化できていることが大事だ。タカの目になって、まああなるほどやりにくい社会になっているなと、読んでいただければ、あなたはすでに第一段階をやり終えたことになる。

第三章　大きな物語

さて今まで、まずは日本が場の社会であること、その大きな特徴が小集団を構成すること、小集団を統制するべくタテの序列や、直接接触的な関係が重視されてきたことなど、話を進めてきた。これは一番の骨組みの部分になる。見てきて分かるように、中根はこれの説明をするために企業組織、企業活動を例に出していることが多かった。逆に、学級のいじめの話やひきこもりの話などは例示されていない。時代というものなので、注釈すると、1960年代では経済のグローバル化は全く進んでおらず、「日本株式会社」などと、その特有の活動の形態を揶揄されてもいた。それでこの本はおそらくビジネスマンによく読まれたことと思う。今読み返すと中根の書かれたことで実情が変わったことも少なくない。労働組合は企業別でしか存在しないわけでもないし、系列がそこまで大きく取り上げられることもなくなったので、隔世の感がある。一方で現代は核家族化、少子化が進み、家族や学級の運営が問題になってきている。そこに小集団の概念を照らし合わせることで新たな、タカの目の視点からの、理解を作り出せればよいと考えている。

そこでこれからは「物語」をいくつかに類別してみていこうと考える。これは物語だ。「しょせんは物語だったね」と乗り越えられる未来を迎えるために位置づけている。

まずナラティブとしての物語を二種類に分けて考えようと思う。社会のより広範囲に同様に影響を及ぼしうる「大きな物語」と、それぞれの小集団ごとに形成された「小さな物語」とを設定する。これらの大きな違いは、大きな物語の方が、ある程度日本の誰にも当てはまる事項である一方、小さな物語はそれぞれの小集団に存するものので、基本的には外部にはわからないものと位置づける。影響力については逆で、大きな物語が必ず日本の全員を苦しめる、というわけではないが、小さな物語はまさにそのことが当該の小集団に起こっていることなので、その成員が大きな影響を受けている。影響力で言えば小さな物語の方が圧倒的に直接の影響があることは、押さえておいておきたい。

大きな物語その①「個人に対する小集団の優位」

とはいえ小集団の存在そのものが、まずはとても大きな日本の物語になる。問題が生じたり、何かの障害が生じたりする時に、その渦中の真ん中にある個人が取り上げられることがほとんどだが、個人に対する小集団の優位とは、タカの目が大事であり、個人だけに注視しない見方を与えてくれる。

まずは家族小集団に起こっている事例を取り上げる。

『分裂病と人類』の本で有名な、精神科医の中井久夫さんは精神疾患とその周辺のことに関する本をたくさん出していて、そういった専門の方の中にはファンも多い。中井が執筆で主に活躍したのは70年代だが今読んでも勉強になることが多い。今の時代でないから、つまり今の、精神科と言えば個人に対して診て薬の処方で解決するものということが定式化された時代ではないから、個人の発症のその裏までを考察する論考にいろいろなことを気づかされる。

中井は『「つながり」の精神病理』の第一章「家族の表象」で、自身が精神障害を発症した本人のみならずその家族とさまざまに付き合ってきた経験を語っている。家族精神医学のグループが提唱した「個々の人間が病むのではなくて家族が病むのだ、家族を一つの患者とみるべきだ」との考え方に一定の理解を示しつつ、個人というものは家族との関係性を含めて成り立っているものだから、ことさらに家族に焦点を当てる考えに集中するわけでもないと表明している。その上で家族小集団における症状の観察をしている。家族には「家族ホメオスターシス」とでも言うべき現象があるという。ホメオスターシスとは「ある生物や物理化学の系において、外力が働いて変化を起こそうとする時、系はこの変化を打ち消す方向に動く」という事象を指している。中井はこれを家族の関係に流用している。たとえ病理が見えたとしても、家族を動かすことは難しく、家族から出立することが患者にとって治療的な意味につながるという。

本書の「はじめに」の中でも、ひきこもりの本人がひきこもりから脱する兆しが見えた時に、支援を依頼してきた当の家族がそれをさえぎる動きをしてしまうことがあると書いた。まるで本人がひきこもっているというより、家族全体がひきこもっているようなのだが、これもまた家族ホメオスターシスの一例と言える。よい兆しも含めて変化を打ち消す方向に動いてしまうのだ。

中井もそういった難しさを端的に示す例を挙げている。父母と姉弟からなるある家族について、二人の姉弟が交互に精神症状を発症してきたことをグラフ化してまとめられた。症状が個人に帰属するものならばこの現象はあり得ないことになってしまう。そして現代の精神医学で症状と言えばまずは個人に帰属するものとして扱われるのだが、実はそうではないことを如実に示す例だと私は思う。これでは個人を単位として見ても真の原因はわからない。タカの目になって、家族全体をながめなければ何が起こっているのか正確な評価はできなかったのだ。

少し突っ込んで考えると、精神障害は身体障害などと同じようには考えられないということだろう。身体は一つ一つの個体を単位に閉じて固まっているものだが、精神とはそもそも他者につながっているものなのだ。精神の単位は個人ではないと考えるしかない。そしてそのことが特に日本の社会構造において端的に表れるのではなかろうか。

中井曰く、家族の問題に関して、健全な家族は外に開かれており、病的な家族ほど閉じられている、と表現している。良識ある精神科の専門家は多少なりとも本人のみならず家族のあり方にも注視されると思う。精神症状を持った本人が家族小集団にとらわれることなく外に開かれていくように支援すると思う。

次は学校の学級の小集団に起こっている事象を書く。

学級でも同じ構図の問題が現れている。誰か個人を見つめても問題の所在がつかみにくい事態が生じている。現代のいじめは四層構造型いじめと言われている。いじめる人、いじめられる人以外に、はやしたてる観衆と、傍観者、の四者によって構成されているとする。いじめ自体はどこの国にもあるだろう。ただしアメリカなどでは別の類型によるいじめが主流であると言われている。ペッキングオーダー（つっつき順位）型いじめだとされる。これは昔の日本でも主流であったと思うのだが、単純に集団のボスか、もしくは力の強い者が誰か一人の下位の者か、力の弱い者を一対一でいじめるというものだ。現代の日本ではそうなっていない。四層からなるのであれば主体は誰かいじめている個人ではなくて、その四層全体となる。おそらくその単位が、小集団だろう。興味深いことに、ある学年でいじめられた子が、学年が変わって次はいじめる側に回ることもあるという。これは個人を単位として見ても何のことだがわからない。いじめられる気質や性格のようなものも全く想定しえない。しかし個人に対して小集団が優位にあると考えれば理解がつく可能性が現れるのだ。いじめられた子がいじめる側に回る構図は、小集団が序列によって運営されていることを考えればわかりやすい。先にも書いたように、タテの序列による小集団の安定化は、二義的なものであり、いつも必ず安定しているわけではない。トップに立つリーダーがうまくやらなければ破綻もする。それゆえいじめられていた本人も移り変わることが十分に想定できるのだ。これに対する処方があるとすれば、個人に注目するのではなくて、小集団そのものに注目した対処になるだろう。学級の小集団は、いわゆる「仲良しグループ」というもので、いじめもこの仲良しグループの中で実は起こっており、それで発見も遅いという。

いじめ被害への対応にはお勧めの一つがある。現場の外からの介入を促すことだ。いじめられた本人は親や教師などの周りの大人に被害を訴えられればよい。ひどいいじめ事件が報道されているので不安にもなるが、たいていの先生はちゃんと対応してくれるものと思う。ただしこういう四層構造型の構図があるので、見えにくくなっていることも考えられる。

四層構造で起こっているいじめは、場の全体が問題だし、場が悪い。先生にどこまで見えているかも疑わしい。外部から風を吹かせて吹き飛ばしてあげねばならない。外部から介入するためには、わかりやすいのは、事件化だ。警察に電話してしまったらよい。

こういった対処について、引き続き第六章でも触れていくことになる。

次に、企業内の小集団のことに目を向けてみる。

企業に目を向けると、先にも書いたように問題は企業内小集団であるところの部署の単位で起こっている。いわゆるセクショナリズムだ。この内容は中根の著作の中でも繰り返し取り上げられている。現在でも、企業での不祥事が新聞記事に見られている。最近の事例で言うと、2023年にダイハツは、車の安全性能試験を国の基準にならわずに行なってきたことから厳しい指導を受けることになった。その原因は、商品開発の納期をごく短くしてできた過去の成功により、開発納期の短縮化が慣例となってしまい、その結果、担当部署が苦し紛れにしてしまってきたことだという。これは確かに企業全体の問題と言えばそうだが、経営陣には十分には知らされていなかっただろう。やってしまったのは開発の部門（セクション）だ。セクションが開発納期の短縮化を部門の目標として部門最適を実践してしまい、品質の保証という全体に関わる大事をおろそかにしてしまった。ある意味ではこれもセクショナリズムと言えると思う。企業人が企業人としてでなく、小集団の構成員として動いてしまった失敗だ。日本の企業人もこの国の社会構造から自由にはなれていない。

次に、政治の世界での小集団を見てみる。

このことについては、紹介せずにはおれない本がある。90年代、カレル・ヴァン・ウォルフレンが書いた『日本／権力構造の謎』はベストセラーになった。私はタイトルに目がひきつけられて思わず買ったがあまりにわからなすぎた。しかし権力に関わるウラ話が面白く、理解したと思うまで10回以上、分厚い上下本を繰り返し読んだ。それから『人間を幸福にしない日本というシステム』なども繰り返し読んだ。読んで一通り理解できたころ、大きな疑問が一つ残った。

この疑問こそ、今まで書いてきた小集団の問題に通じている。

ウォルフレンは日本に独特の権力構造を「システム」と呼んで解説した。政治家の言うところとは程遠く、いかに官僚の政治に及ぼす力が強いかを解説した。中央の政治組織のみならず、いろいろな圧力団体、組織の権力のあり方も分析されていた。それぞれの組織が互いに相互作用するさまを書いた。官僚の支配が強いとは言ってもそれが権力のトップということではない。財界のトップに君臨する人たちも含めて、政・官・財で日本の政治が実質的に動かされている。そのどれが頂点に立つものでもなくて、それらのトップにいる人たちのことを「管理者集団」と呼び、彼らの相互作用によって物事が動いているとした。

ウォルフレンのこの本は極めて客観的で鋭い分析になっていて、当時のみならず今でも政治学や社会学に欠かせない教科書となっていることだろう。一方で、本書は社会学モデルを描きはするが、生きづらさの問題を扱いたいと考えている。学級のいじめの問題やひきこもりの問題、から始まった。通常この内容でウォルフレンが引用されることはないと思う。基本的には異なるジャンルの話であり、その上で引用する一部だけは決定的に関係があると私は思っている。

先の話に戻ると、この管理者集団とは結局、一体何かと、一通り理解した後の私は疑問に思った。権力の所在を分析するのに、最終的にはシステムと、管理者集団という言葉でオブラートにも包まれてしまった気がした。よくあるマンガなどでは黒幕という年老いた悪者が出てくるが、そんな存在はいないというのだ。長い間そのことを考えていて、結局そこに見えたのが日本の文化なのだと思った。長いものには巻かれろ、出る杭は打たれる、など。総理大臣でも杭になってしまったら打たれてしまうのだ。だから集団体制にくるまれているのだ。ならば、結局ウォルフレンも、日本の文化の底まではわからなかったのかもしれない。

そんなふうに思いながら私はわかった気でいたが、実は私もわかっていなかった。私がわかるのはもっと後に中根の理論を理解してからだった。管理者集団といえどもつまりは中根の言うところの小集団にすぎない。個が出るのではなくて主体が集団にあるのだ。そのよくわからない様体をウォルフレンはシステムと名付けたのではないか。

一見すると全く異なる分野の問題、家庭や学級での場の問題、つまり例えばひきこもりが長引いたりいじめがなくならない問題と、政治の中枢で生じている問題、つまり政治家によってふさわしく権力が行使されていない問題、集団体制でいつも意思決定が遅い問題など、とを同じ地平でながめることは、実は意味があり、その共通基盤に小集団を据えることでそれらの現象について、わかりやすく光を当てる。

さらに、政党の中では派閥が実質的な活動域として自民党に形成されているのだが、なぜかというとそれが必要な小集団だからだ。

2023年に自民党は、派閥のパーティーなどで得た資金を個々の政治家に還流し、そのことを帳簿に記載してこなかった問題で揺れに揺れた。岸田内閣を、頼りなくリーダーシップも取れていないと、失望する人にとっては、それまで強いリーダーシップを取れてきた安倍元首相のイメージが大きいのではないかと思う。ウォルフレンは当時までの歴代首相のリーダーシップのなさを挙げていた。中曽根元首相はまだ強い首相のイメージがあったが、ウォルフレンに言わせれば、彼が残したはっきりとした実績は国鉄の民営化くらいだ、と断じていたと思う。そのウォルフレンをもってしても、安倍の手腕は歴代首相の中でも抜きんでていると評価するのではないかと思う。だから安倍を基準に見ると、政治家はリーダーではない、管理者集団の一人としか見られない、とする考え方には違和感を持つと思う。けれども例えば安倍が首相になる前には1年ごとくらいに首相がコロコロ変わり、何もリーダーシップを発揮できていなかった。長い目で見れば安倍だけが特異な切れ者だったと思う。

もともと安倍は、派閥の個々の政治家への、パーティー収入からの資金還流をやめて改めようとしていたとの記事があった。存命中にできていれば結果も変わっただろう。五人衆の体制になってリーダーシップは取れなくなり、どっちつかずに放置されたのだろう。残念なことだが彼らは政治家としては普通の、通常の人たちだろう。そして彼らの動きは中根が言うところの、リーダーが不在となってしまった小集団が機能不全に陥った結果でしかない。場の社会ではトップのリーダーが不在となった時に誰かが代わりに出られる仕組みはないのだ。政治家をもってしても、日本という大きな物語の、その中でも最も重要な特徴である、小集団の特性からは自由になれていないのだ。派閥という名前が残るかどうかは別にして、派閥の機能を持つ政党内小集団は今後も必要であり、残り続けることが予想される。そうではなくて法律の下に形成された権力を適正に行使しようとするためには、まずは政治家自身が日本という物語からサヨナラできなければならない。

大きな物語その②「男性性の国民文化」

小集団という構成そのものが家族、学級内グループ、企業内部門、政党の派閥というレベルで現代においても機能している話をしてきた。しかしながら企業活動においてはコンプライアンス（法令順守）が叫ばれ、小集団単位での不合理な意思決定は減ってきたと思われる。逆に核家族化、少子化が進み、家族小集団や学級小集団の問題が大きく増えてきたと感じられる。その理由の一つは小集団という単位の中にあっても、その人員数が減ってきたことにより、集団の一つ一つの独特さや閉鎖性は増し、うまく運営される集団と問題ある集団とに区分けがはっきりとついてきたのではないかと考える。仲の良い家族はどこまでも仲が良く、問題ある家族をなかなかに想像できないのではないかと考える。

小集団には小集団であることから生じる問題だけではない。小集団にはそれに付随する特性があった。次に大事な特徴であることはタテの序列の関係だ。小集団をまとめるために直接接触的な、主に年功による序列が発達している。この規律は小集団を取りまとめるためのものだが、一人一人の心の中にあってはこの規律が内面化されているだろう。多くの家族で父親が序列のトップに位置づけられることから、男性は、序列を強化するためにも、ふさわしい行動や成果を得なければならないとする圧力を受け続けているのではないか。１９６０年代に国民文化を数値化したホフステード調査というものがあって、日本人は、仕事での成功や達成を重視する男性性が突出して高い、という結果になった。日本の男性はこの、とてもしんどそうな「物語」の虜になされている。そこでこれを「男性性の国民文化」として大きな物語の一つに挙げることにした。

直接的にこの観念を植え付けようとする働きは親が仕掛けていると思われる。だいたい父親が、子への期待という形で、してしまっている。それに対して拒絶するという陰性の反応をする男性も想定できるが、同じ圧力を受けていることは間違いない。この圧力に添って行動しようとするか、この圧力を見ないように拒絶的に行動しようとするかは、どちらにしても不健全でしかない。

関連して中根の指摘によれば、他の国と比べて日本は、男性の家族への帰属意識が実は薄い、という。その理由として、家族も小集団であるが企業にもセクションごとの小集団があり、これらの構成がとても似ていることが挙げられる。職場の仲間と飲みに行って深い付き合いをするようになることが通例だった。疑似家族でもあるし、また職場の付き合いは家族ぐるみでするものだった。そこで企業小集団への帰属意識が高くなると、家族小集団への特段の帰属意識が薄れていく、ということが指摘されている。いわゆる企業戦士が家族を顧みない態度だ。男性は企業の小集団に囲われているので一定の安心度、満足度を得ており、それほど家族への帰属に執着しないものらしい。これは大きな問題として一人一人の日本人に苦痛をかけていると思う。

家族小集団は今やかなり人員数の少ない核家族になっている。その中で、たとえリーダーでありトップの存在であるにせよ、男性も家族運営に必要であるはずだ。その男性、父親が、家族を顧みなくなっているままだと、家族の人員数が年々減っていくと同時に、家族の問題を解決する力もまた年々減ってきていく。中井はこの家族の人員数について、大きければ大きいほど、精神症状を呈する家族がいたとしても、その本人に対する手当ての力も大きいのに、と指摘する。いくらと例えるかというと、百名以上もの大家族を理念とする中国社会と比較しているからスケールが大きい。それと比べれば日本の社会は大家族といえどもたかが知れているので、しんどい一人を見守る力は初めから少ない。そして現代の核家族化の傾向はこの力をさらにどんどん弱くしているように思われる。中井によれば、子供と親の関係よりも、おじ、おばとの関係の方がしんどい本人の子にとっては助けられる関係になるという。私もそのように感じるのだが、そのおじおばの関係さえどんどん希薄になっていて、何かしんどい時に相談できる存在が家族小集団から消えていっている。そういう状況で父親が家族から離れたままでは問題はさらに増えるばかりだ。ひきこもりの家族相談会に出ると、

「私の時代は休む暇もなく仕事に明け暮れなければならなかった。それだけ尽くして今の家族を育ててきたのに、子供が一体何を考えてひきこもっているのかわからな

い」

と声高に発言する父親もいた。しかし本当は、仕事に明け暮れてきたから問題が膨れ上がったと言える。そしてこの父親の発言には裏がある。仕事に尽くしてきたというが、その結果、まあまあ心地よい関係の集団に帰属していたのだ。家族を必要としない、企業小集団の姿があるが、父親はそのことは意識せずに隠しているというわけだ。

心ある父親ならば、家族への関係を決して捨てないだろう。実際に時間的には、仕事に追われていれば接触の時間は限られるし、家族小集団への手当ては難しいかもしれない。しかし家族への手当ては時間を掛ければよいというものでもないと思う。幼い子供は小集団であるとか、日本の伝統文化をまだ学習はしていない。たとえ少ない時間であっても母親を孤立させずに、等しく子育てにあたり、家族としての存在感を持ち続ける方法はあると思う。その中で子供は安心して育ち、外の世界へも勇気をもって飛び込んでいけるようになる。

さて、「男性性の国民文化」という大きな物語の主役は男性になるが、一方、女性はどうであろうか。

日本の国民文化が特に社会的な地位を求める男性性の強い社会になっていることは、

女性にとっての方が、重たい。社会的地位の男女差がいまだに大きく開いている。女性が企業で活躍する場合でも、家事と育児環境を両立することが当たり前になっていて、女性はそのプレッシャーにいつもさらされている。イクメンが現れてきたことは喜ばしいことだがまだまだジェンダーの偏りが大きい。特に問題なのは、とても古くからの国民性なので、若い女性自身がその価値観を内在化していることだと思う。父親や夫からの圧力にも問題はあるだろうが、男性性を尊ぶ文化で育つことでそれが自然な姿だと慣らされていることは根が深い。

2023年度の読書感想文のコンクールで入選した小学生の話だ。小学生の女子は、カエルや虫が大好きで触ったり観察したりする時間がとても楽しいと感じている。しかし本人がカエルを手のひらに乗せていると、

「よく、さわれるね。気持ち悪くないの」

「女の子なのに、へんだね」

と言われる。カエルが好きなことはおかしいことなのか、もしも自分が男の子だったら、カエルが好きでもよかったのだろうか。そう思い悩み自分の好きなことについて人に話すのが、だんだん苦しくなってきたという。そういう本人がある本に出合った。一人で山に行っておもしろい石や花や虫などのかけらを持ち帰ってくる女の子の

物語を読んで、自分の好きなことに自信をもっていい、と言ってもらえた気がしてうれしくなった、という感想文だった。

女の子は女の子らしくあるべしという周囲からの圧力を小学生の子供が感じ取ってしまっている。こういった本との出合いがなければ、やがて自然なものとして内在化して、本来の生き生きとした自分を見失ってしまったかもしれない。

この問題を社会として解消していくことは難しいと思う。とても大きな日本の物語だ。男性性や女性性にからめとられないためには性別を超えた個人として行動できなければいけない。日本という物語からサヨナラしなければならない。

大きな物語その③「自死へのあこがれ」

ルーズ・ベネディクトが書いた『菊と刀』で私が最も印象に残った内容が「日本人は自死へのあこがれを持つ」だった。ベネディクトは戦中から研究しており、当時の日本人の自殺率は他国の人と比べて高くなかった。だからベネディクトは当時の実際の自殺率の高さとは関係なくこれを述べている。もっと古い歴史的な文脈で述べたのだと思う。

日本という物語の中でも大きな物語は小集団によって彩られている。そこでは個人として日本人が生きるというよりは、集団が主体となっている。個人としての思いは抹殺されていて、所属集団に対する義務を履行することが道徳だった。これは歴史的に決定づけられていたと思われる。このことと大きく関係することが「自死へのあこがれ」だと思われるので、一つの大きな物語として取り上げる。

主に武士の伝統として培われた「意志的な死」への希求が、モーリス・パンゲさんの『自死の日本史』に詳しく描かれている。

自死を「意志的な死」と表現して、古代から現代に至るまでに行なわれてきた自死を解釈して論じている。古代においては多くの国で王の道連れとしての死があった。日本の豪族も、主が死んだ場合には仕えていた者が殺されてともに墓に埋められる風習があった。それはあまりに残酷なので、やがて生の人間を殺す代わりに埴輪を墓に埋めていくこととなった。しかしながら、死者の後を追って死ぬことはそれ以後もずっと続いてきた。主人とその従者、領主とその家臣たちを結び付けている感情はとても強く、従者にとっては主人が死んだ後に生き続けることとは意味がなく耐えがたいことであったことから、殉死は続いた。一生仕えるべき主君はただ一人だ、という原則だ。

これに関して日本に特徴的なことと、パンゲがあげるのが、垂直方向の連帯が特に強く実践されてきたことだ。これは今もって近代的な企業活動の中でも多少形を変えて実践されているという。逆に水平方向的な、対等な関係の取り扱いは非常に苦手であり時に争いの種になることを指摘する。このパンゲの指摘は私たちが中根の本を通して理解してきたことと同一の内容だ。集団が主体となっている社会で、それを統率するために発達したのはタテの序列だった。逆に並行する集団の間のヨコの関係は全く発達しておらず、むしろ競い合う関係でしかなかった。この歴史をひも解く本の中ではそれの顕著な形が源氏と平家の争いだ。この時期は二つの大きな氏族が皆殺しを目的として争っていた。

平安時代の終わりに武家士族が台頭することとなり平和な時代は終わる。士族は武装して、盗賊は勢力を伸ばし、仏教寺院も私兵を育てて街中に出没するようになった。それらの勢力争いの中から有力な士族が台頭してきた。小さな勢力が有力者の庇護に頼ることを通して勢力は統合されて大きくなり、やがて平家と源氏の二大勢力が形成された。二大勢力の争いは追放などと生易しいものではなくて基本的に皆殺しの争いだった。敗者は一族郎党皆殺しに遭うので、それよりは、自死を望むことが必然となった。負け戦に際しては主が、自分が死んだ後にもその家族が首をはねられ都に引き回される必然を避けるために、自ら彼らの命を絶つことは普通の考えだった。このころから武士が切腹する作法が現れ始めた。

さらに時代を経ると、安定していた鎌倉幕府が崩れ去っていく時には敗者の集団切腹さえ見られるようになった。

日本は武力を用いた残酷の劇場となり、このあり方が以後数世紀にわたり日本を支配した。武士は人を殺すすべを心得ている者であり、それ以上に自己を殺すすべを心得ていなければならない。自ら命を捨てる決意を人々はほめたたえた。武士は実際に命を懸ける戦いの前にすでに死んでいる。このような意志的な死が、武士の倫理の最も奥深くにある矛盾に満ちた核心となった。戦いの中で切腹が制度化されていった。例えば死んだ主君の後を追う殉死が切腹の中の「追い腹」という呼び名で固まった。徳川の時代になり、太平の世とはなったが、武士道はさらに磨き上げられて「武士道とは死ぬことなり」と位置づけられた。武士は少数の支配階級だが、人殺しそして自分殺しの倫理を確立することによって、世の人々に認められ、世が治められることとなった。赤穂浪士の有名な事件も、仇を討った後に自分も死ぬことを先んじて承知している限り、そこには道徳的な効果や政治的な効果があり、それ以上の武力の連鎖反応を抑え込んでいた。

侍は死とともにあるが、ずっとのちの時代になって、やがて侍の全体が死んでいくことになる。外国の強大な敵の襲来に備え、天皇を頂点として国を守る体制になっていくが、武士たちがその体制を半分は意図せずして、整えていき、結果的に武士階級の廃止につながった。

ところが自己犠牲の伝統は見事に受け継がれていった。武士の精神は拡散していきながらより多くの人の心を動かすようになった。名誉、誠実、献身、規律、自己犠牲といった徳目が、国家によって公式に見習うべき模範とされるようになった。子供は学校における生徒としても、次に徴兵軍の兵士としても、どこの生まれかは関係なく、精神としてサムライになるべく要請された。武士道が、武士の階級におけるものをやめて、国民全体の信仰箇条となった。その権力の頂点には天皇が据えられた。徳川幕府でさえも夢にも望めなかったほどの唯一無二の権力であり、天皇に仕えることが人々の唯一の目的となった。その後百年近くの間、天皇を讃え敬うナショナリズムの時代となった。この思想が、一人一人の日本人が生きる理由でありまた死ぬ理由となった。とても有名な例は乃木将軍だ。乃木は山縣と同じ長州藩のサムライの子として生まれた。西南戦争とは、同じ志を持ちながら反対の道をたどってしまったサムライたちの同士討ちのような戦だったが、乃木もこの戦に参加した。日の丸のデザインの旗がその数年前にできたばかりだったが、その旗を戦中に乃木が奪われた事件があり、そのことをずっと悔いていたようだ。このエピソードから後に、国民的象徴としての日の丸の旗がいかに大事なものであるかが広まっていった。日の丸のために死ぬことは可能で、時には義務となった。後に日露戦争に赴いたが、乃木は指揮官としては凡庸であり旅順攻略のために芸のない正面突破を繰り返しては敗走した。彼の二人の息子たちの死の知らせも入り、彼に、生きてこの戦争を終わりたいという気持ちはなくなった。戦争が終わって乃木は名声に包まれた。皇居に出入りを許されて学習院の院長にも招かれた。そして１９１２年に明治天皇が亡くなると、彼は妻とともに皇居を訪問し、その夜に二人ともに自害した。

　もともと軍人は天皇制の原理や政府の命令に対しては絶対服従の態度を維持していた。それが昭和期に入り、軍人自身が軍国主義者に変わっていった。その仕組みは山縣が編み出した憲法の条項にあった。天皇が陸海軍の統帥者であるとする。時の政治に左右されないようにすることが目的だったが、軍隊に関することでは参謀本部長が天皇に直接に進言することができる権利を得て、この時期の軍部は政治を離れて一人動きする勢力に変わった。政治家を暗殺してしまう事件も起こった。やがて満州において関東軍の暴走を許し大きな戦争につながっていった。アメリカに宣戦布告し、やがて勝機は薄れ、なくなり、敗戦に次ぐ敗戦に見舞われた。兵士は普通に自爆であるとかバンザイ突撃であるとかを繰り返して死んでいった。何千という単位で民間人も普通に自死を選び飛び込んでいった。そのうちに文字通り「必死」の攻撃が作戦化された。零戦による特攻以外にも、飛行魚雷「桜花」人間魚雷「回天」爆装機動艇「震洋」など。戦果は微々たるものだった。それでも本土決戦に備えてあくまで戦う意志を曲げなかった。1945年の8月に原爆が広島と長崎に落とされ、またソ連の対日参戦が決まり、天皇の声をもってようやく死にに行く戦が終わってくれた。天皇のための軍隊であったが、天皇が神であることを辞めて、堪えがたきを堪え国民が敗戦を受け入れることを説得した成果だった。その後もこの悲惨な敗戦をきっかけとして自害するものが多かった。たまたま死ななかった軍人や政治家のトップの位置にいる者が東京裁判にかけられたので、東京裁判をどう評価するのか、という話がよくあるけれども、その前に、すべての事は終わっていたような印象がある。終戦となってその後も自殺の大きな波が日本を襲った。戦争で死ぬことを免れた者が後追いの気持ちで死んでいった。たまたま終戦後に行なわれた「特攻」だった。そして最後に三島由紀夫が1970年に切腹をしたエピソードをもって、『自死の日本史』はひとまずの結語としている。

しかしこの本は、そういう歴史があった、ということを解説する歴史の本ではない。

過去のこととして考えていない。現代の日本にも残り、影響を及ぼしているものとして考えている。訳者が最初に語っているのだが、

「戦後日本社会のゆがみは、本書初版発行から四半世紀を経た今も変わらず、多くの「自殺」者を生み出している。その多くが年齢を問わず今も続く『いじめ自殺』、私に言わせれば悪意による、あるいは脅迫による偽装自殺、つまり明らかな自由な生の抹殺、殺生なのである。多くの人が死んで生きるよりも、生きるために、自らの生の証として死を選ぶ」

訳者によれば日本人の自死とは「死によって生きようとする、厳粛な生の姿」ということだ。意志的な死の系譜が現代に息づいていると考えているのだ。

自死、つまり意志的な死には、いくつかの動機や機能があると見える。一つには、タテの序列は個人にとって永続するものであり、主人がなくなれば後を追うことが自然であった。また、失敗などにより不名誉を被った武士が、名誉を回復するための機能でもあった。自死を通して名誉が復活し、家の他の者にもお咎めが広まることもなくなった。現代人の自死においても名誉の回復の機能が果たされる場合があるかもしれない。

しかしその中でも現代にも息づく自死の機能は、過去の例では江戸時代に近松が描

いてきた心中ものと通底しているように思われる。

江戸時代の芸能で自死にとても関わり深いものは近松が文楽（人形劇）のために、家族の悲劇を主題として書いた、いわゆる「世話物」と呼ばれる作品がある。その大部分が心中ものであり、愛し合う若い男女の二重自殺で終わる。例えば落ちぶれた侍の息子が、かなり大きくなってから、子供のいない大阪の商人夫婦の養子に入る。数年後嫁をもらい、二人は愛し合い子も身ごもる。ところが義母が主人公の留守に謀って身ごもった嫁を家から追い出してしまう。主人公は不審に思うが愛が消えたわけではないことを嫁から確認する。しかし、自分を養ってくれた親に借りた恩義に縛られ、親には逆らえない。義母の決心が固いことを確認すると、主人公は嫁に心中することを持ち掛け妻も同意する。実際の死の場面で幕は閉じる。義理はこの時代を律するものだが、家長とて、下の者の自死を喜ぶものではない。自分の支配から逃れるやり方としての自死は家長にとっても恐れる手段だった。家長に対する懲罰になるからだ。序列の下にあるものが言葉で主張することはないが、自死の行動を示すことで大きな影響力を示せることになっていた。多くの場合自死により、逆説的に二人の変わらない愛を得ることになり、また、死に追いやったものに対して正義を示すことができた。

この近松が描いてきたような自死の機能が、現代でも人々の心を揺さぶり自死を誘っているように思う。そしてそれは本書で見てきたこの国の形とも当然ながら大いに関係している。個人はなく、集団が主体の社会で、主にタテの序列によって統制されている。下の者が反意を上げることはできない。伝統的に行なわれてきた数少ない反撃の方法が、自死となる。これにより、ひどい仕打ちをしてきた上の者を懲らしめることもでき、また、死んではじめて個人となれるのでその喜びを享受できる。訳者が言ったように、現代のいじめ自殺もそのような文脈でとらえることが出来うると思う。これはとても大きな日本の物語だと思う。小集団の構成や、タテの序列の機能から必然的に導かれている。だから日本人は自死にあこがれる。この物語の存在に気づけない、配慮できない集団は、大切な下の者の自死という大きな失敗にも出合う。自死なので事件化はされない。誰か逮捕者が出るわけでもないだろうが、影響力は大きい。伝統的にそうだったし今もそうなっている。

この事項は本書を読まれている方自身に、心当たりを呼び起こすことは、そう多くはないと思う。しかし本書の目的は特に、生きづらい方の思いに寄り添っていくことだ。大きな苦痛や挫折を被った方にとって、自死へのあこがれは、そうでない人にとっては想像できないほど、近くにある存在だと思っている。周りにいる私たちはそのことを深く自覚していなければならないと思う。

大きな物語その④「本心に対する忠誠」

ひきこもりの支援活動をしていた時、元ひきこもりの人が自分の信条や、なぜうまくいかないかを話し合いの場で表明しようとしていた。自分の気持ちを何とか振り絞って周りに伝えようとして苦しんでいてその姿は少し異様だった。内容も堂々巡りしているように思われた。周りの誰かが問い詰めているわけではなくて、自発的な発言だったので誰も止めようとはしない。それなのになぜそんなに苦しんでいるのか、その時には心中を察することはできなかった。

後でよく考え直して、本人は本音の部分を何とか表明しようととてもまじめに考えていたのではないかと思い当たった。周りの誰かに説明したいのと同時に、自分自身が納得する言葉を必死にねん出しようとしていたように思われる。それは貴重なことかもしれないが何か不自由な、硬直した、見えない壁に突き当たっているような印象を受けた。

端的に言えば、自分の本心に忠実であろうとした姿だったかもしれない。

しかし、そもそも本心なんてあるだろうか。

小集団を構成している社会で、その成員としての発言や行動はあるだろう。本心の芽はあったとしても、小集団の一員としてのそれでしかないならば、そもそも個人が確立しておらず、本当の意味での本心とは言えないのではないか。それだからこそ逆に小集団は「本心」を言わせようとするものかもしれない。本人の中にその圧力が自然にたまってしまい、「本心」があるはずで、それを表明できなければならないと自ら思っているのかもしれない。

少し話が違うが、中根は、日本人が、誰と個人的なつながりがあるかをすぐに自慢げに披露することに苦言を呈している。本当に大事なコネクションであれば、安易にそのことを他人に伝えはしないものだ、という。中根は1960年代にすでにインド社会を研究していたグローバルな学者で、「日本人あるある」を他国の研究者と意見交換したりしていたエピソードとして書かれている。

この論を借りれば、本心に忠実たろうとし、またそれを意見表明しようとする者は個人が確立していない姿を見せている。確立した個人ならば、大事な秘密や、本当の自分自身の信条は外からの意見や批判から守るために胸にしまっておくものだ。

さらに突っ込んで考えれば、自分自身もどこに本心があるのかわからない方がむしろ自然な姿ではなかろうか。そこに対人関係においての柔軟性が生まれる。確立している個人にはその柔軟性が必要ではないかと思われる。

関連して『「つながり」の精神病理』の中で中井が以下のことを言っている。精神の健康の基準には、対人関係の数と同じだけの人格があり、安定しているのはつねに分裂している人だ。むしろ統合失調症の人について、この病は昔精神分裂病と命名されていたが、「分裂」ではなくて本当は、彼らは「精神統一病」ではないかとの意見を紹介している。分裂すると大変だから、一生懸命統一を求めてかえって解体の危機にさらされているのかもしれないという。中井は精神健康を危うくするようなことに対する耐性として、精神健康の基準を十五項目ほど挙げているが、それの第一の項目を「分裂する能力、そしてある程度分裂に耐えうる能力」だとした。そして精神健康の比較的良い状態は「潜在的超多重人格」だとしている。

本心に対して忠実であろうとする態度は、本心があることを前提にしている。そこからして危ういと思われる。その危うさも、個人より集団に優位を持たせる日本の社会構造ならばこそ生まれているのではないかと思う。そこで「本心に対する忠誠」についても、一つの大きな物語としてまとめさせていただいた。

第四章「小さな物語」

今まで日本という物語の中でも「大きな物語」を見てきた。これは多くの日本人に見受けられそうな要素を抽出したのだが、個人個人のレベルではその度合いや質が、日本人全般に当てはまるものでもない。どちらかというと生きづらさを感じてしまう人に寄りそえるような要素を意識して抽出したとは思っている。どこまで適切であったかはわからないしこれですべてだとも言えない。私と同じく日本人の専門家として、本書をお読みのあなたにも判断や新たな要素の知恵をゆだねたいと感じている。

ここからは日本人が日々直面する「小さな物語」に触れていく。小さな物語は個別的で日本人の誰にも当てはまるということはなく、固有の集団において展開される物語だ。

しかしそうであってもやはり、日本の社会構造の枠内にあり、影響を受けている。

・個人に対する小集団の優位

・男性性の国民文化
・自死へのあこがれ
・本心に対する忠誠

と見てきたが、個々の小集団やその成員である個人に対する影響の仕方を考えると以下のような図式になるだろうか。

図表・6

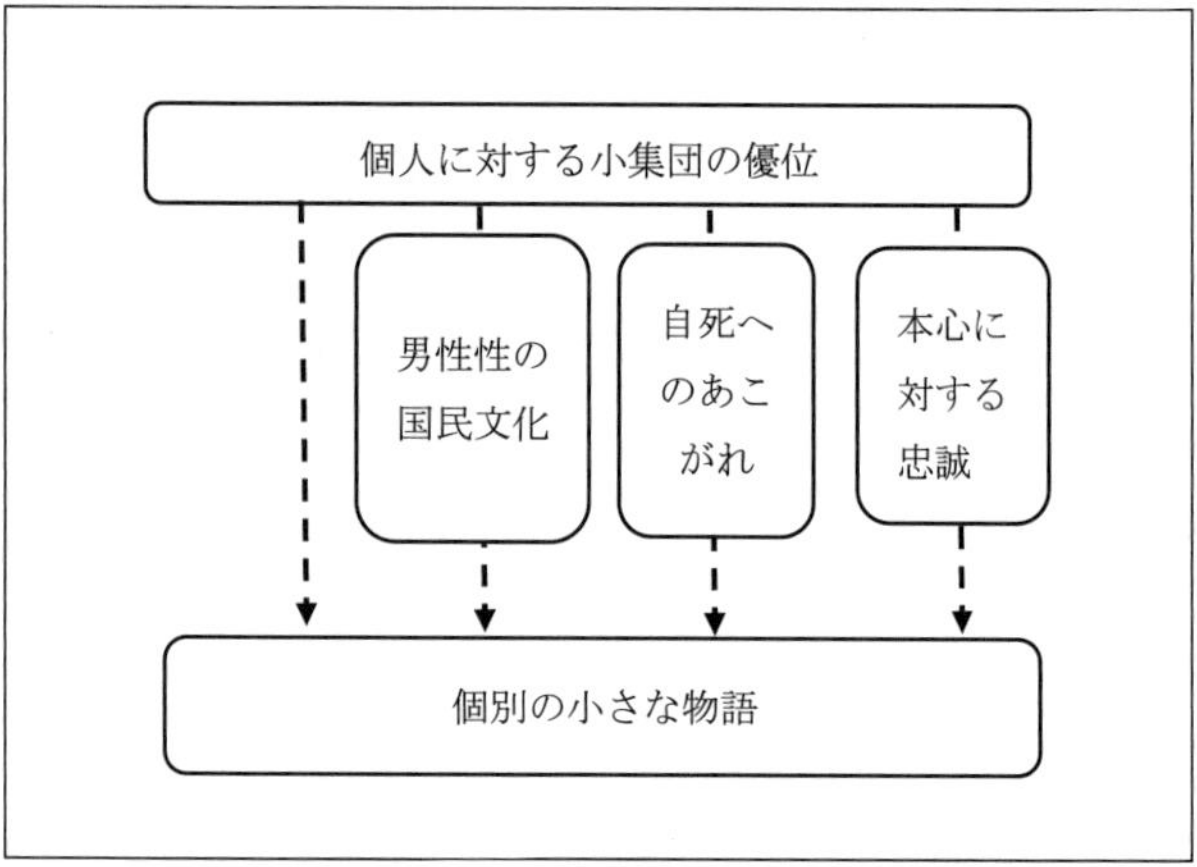
個人に対する小集団の優位
男性性の国民文化
自死へのあこがれ
本心に対する忠誠
個別の小さな物語

個人に対する小集団の優位は日本の中のとても大きな物語になっているので、個別の小さな物語に間接的に影響を与えている。男性性の国民文化や自死へのあこがれ、本心への忠誠といった大きな物語はそれ自身が小集団の優位性から影響を受け、あるいは影響を与えてきた物語だが、これらの要素もまた小さな物語に影響を与えているだろう。

そして大事な特徴だが、個別の小さな物語は直接にその物語に直面している個人に強い影響を及ぼすものばかりだ。

例えば最近、市販薬を用いた薬物中毒が大きな問題となっている。厚労省の調査によると、21年から22年で全国7か所の救急医療施設に救急搬送された市販薬の過剰摂取による急性中毒患者122人の平均年齢は26歳で、女性が8割を占めたという。解熱鎮痛薬やせき止めや風邪薬などの市販薬が使われ、平均で100錠以上も服用するらしい。自傷や自殺目的が74％を占めた。専門家は、市販薬を乱用する女性は、子供時代にさまざまな虐待を受けたり、家庭内や学校でメンタルヘルスに起因する問題を抱えたりしている人が多いという。生きづらさを抱えて、いつ死んでもおかしくない子供たちが市販薬を乱用しながら、なんとか生きながらえている現状があるのではないか、と。

この問題は薬物による中毒の問題で、専門は精神医療ということになる。私はその専門家でも何でもないが、薬物の摂取という事案形態に注目するのではなくてその原因に注目すると、家庭内や学校でのメンタルヘルスに起因する問題を抱える子が多いということが気になる。彼らが所属する小集団で一体何が起こっていたのかと思うし、小集団のあり方が原因として問われていると読める。すでに起こってしまった過去のことなので、一例一例をつぶさに観察することは誰にもできない。けれども原因としてはそこに小集団の問題があることを私や本書をお読みのあなたは、同じ日本人の専門家としては想像できるのではなかろうか。

元ひきこもりの人の通所支援の活動をしていた時の話だ。

ひきこもりの人への訪問活動を通して出てこられるようになった人が通える場を作ることになった。もともと通える場はあったのだが、元ひきこもりの人の中に、仕事をする場なら通える、という人がいて、そういう場も居場所になりえることがわかった。そういうものなので一応就労支援の場とした。私自身もあまり何も考えていなかったというか、きっかけがあって外に出てこられるようになった人については、あとは就労が問題だろうと考えていた。本書のはじめでも説明した就労モデルだ。

一人の男性だが、そういう、就労の場ならば比較的に通える、という感じの人がいた。だいたいいつも表情が険しく無口で、自ら周りの人にはなじみにくい。ただし仕事の場にいるとそれなりに話はできた。三人ほどで店番などをするうちに会話も出てきた。やがて表情が柔和な感じになって落ち着けてきた。

その後あるきっかけにより彼はまた家に閉じこもるようになった。彼の依頼者である父親と家族会で会い、一度家に訪問してくれないかとの話になった。私は彼と普通にいろいろと話してきたので、普通に家を訪問することにした。

それが間違いだった。彼は私を一瞥するも、私に対しては何もアクションを起こさずに一緒に家にいた父親に「なぜ家に呼んだのか」と怒ってどなりつき押した。そのあとその日に何があったか覚えていない。私が訪問したことで問題はこじれ、その後も他の者がとりなそうともしたが結局は支援機関との関係も切れた。私にとってこのことは大きく、その後、基本的に居場所に来れている状態を維持するだけで十分良いことだとの認識に変わった。何が起きているのかはわからない。しかし家族の関係に闇を感じた。その後私は通所の活動を案内する冊子に「まずは親子関係をいったん清算しましょう」と追記するようになった。

居場所の運営を続けていると、最終的に就労に結び付いた人は何名も出てきた。ただ、そういう人は、比較的に親子の問題でこじれていることがないように感じた。

男性が主な参加者だったが、ある時、20代の女性が母親を通じて参加した。他の人たちと比べれば元気で明るく、休みも少なく活動にも積極的に参加した。感情の起伏が激しい男性参加者からケンカをしかけられてトラブルになったことはあった。それでも彼女は通所を継続した。

ある時、相談があるという。自分の家の中でおじいちゃんが声高にとりしきっていて父も母も何も逆らえない。なんでおじいちゃんの言いなりになっているのか、それが苦しいと。話は分かったが、通所の支援活動なので、通常では全く働きかけることができない範囲外のことだ。唯一の機会は家族会で、母親と会うことができるので、その際に話してみることとした。母はこの活動に意義を感じてつなげた人であり理解者であるので、その母に彼女からの問題を告げることはこちらとしても心苦しかった。母も、聞いて、苦しそうな表情をしていた。

そのやり取りの一週間後だったか、三週間後だったか、突然彼女から、活動を卒業しますとの話が出た。問題は解消された、本来行きたかった学校に進もうと思う、ありがとうございました、と。何が起きているのか、さっぱりわからなかった。その後母からも丁寧に感謝を伝えられ、ともかく悪くはない結果なのだとはわかった。後は想像なのだが、私が伝えたことにより、母か父ががんばっておじいちゃんと対決し、家族の間の相互作用の図式を変えることができた、そのことで娘は安心して次のステップに向かえる気持ちが整った、というところではないかと思った。あるいは、家の問題があるにせよ、娘がとらわれている必要はなくて自分にとっての次を考えるように、親子間でしっかりとした話し合いができたかもしれない。

小集団の関係が、彼女のひきこもり状態に影響を与え維持させてきたかもしれない。家族の問題が起きていると、家族の成員の一部の人は、その問題に引っ張られて変化に向かうことが難しくなるのだと考えられた。そこで現状を維持することで、意図せずとも「調停者」になってしまうことが考えられた。難しい問題なのだが、親の側にとっては、子供がそうではなくて安心して成長していけるように開放的で、外に開かれた家族の場を作っていくことが望ましいと思う。

「調停者」という表現は中井が使っていたものだ。中井が使う例えは、「小学校の掃除の時間に、廊下が汚れているのに気がついて、皆が顔を見合わせている。長い沈黙が続き、それに耐えられなくなった子がバケツを持った。すると他のみんなは、あいつがバケツを持ったのだからあいつが掃除役だ、とみてしまう。そしてそれ以後も同じ子がバケツを持たされる」

というものだ。一度バケツを持ってしまうとその後もその役を降りることがなかなかできなくなってしまう。先の女性の場合も、家族の関係を維持するのに何らかの役割を持ってしまい、それが継続していたのではないか。

私は三人兄妹の真ん中で、私も調停者だった。自分が調停者であったことに気づいたのはごく最近のことだ。私の場合はわかりやすくて文字通り、いつも家族の真ん中にいた。例えば親が見たい番組を一階で見ており、他の兄妹が自分たちの見たい番組を見に二階に上がっている時に、私だけ、見たくもない番組を親とともに一階で見ていた。また大学生くらいになっても親とよく食事をしていて、またよく話もして話題を合わせていた。おまえと話すと面白いとよく言われた。完全に子供の私の方が話を合わせていた。

私は大人になっても「真ん中にいる」行動が多い。グループで道を歩くと最前列と最後列が間延びしてきた時に、必ず真ん中あたりを歩く。自分のしゃべりたい人がいるところで歩くのではなく、前と後ろをつなぐところを歩く。磁石のような力が働いて真ん中でしかいられない。不自由なものだ。調停者として慣らされて生きてきたので、今さらどこの集団の場にいても行動を変えられずにいるのだ。

また別の例を。ある男性は支援機関が催す居場所には通っていたが、無口で過ごすことが多かった。就労支援の居場所の活動に誘ってみた。就職したいとの希望を言われたのでそれを支える活動となった。彼や他の数名の参加者とともに小さな店の運営をすることになった。二年ほど私は彼らを引っ張りまわし、また他の人とともにスポーツ活動なども行なわれた。彼は表情もよくなり自ら声かけもできる人になった。就職に関して、ガイドブックや、ハローワークの利用など検討していたが、応募に至ることはなかった。ある日相談していると、

「正社員になることは難しいと思ってはいたのです」

と苦笑いした。そのころ知り合いの会社のアルバイトの募集があったので彼に勧めた。アルバイトとして就職でき、数年後にはそこで正社員として働くようになった。彼はその後もたまに支援機関をのぞいてくれていた。数年後に彼から、父親が亡くなった旨を知らされた。私はその時になるまで何も知らなかった。彼の家は父親が病気がちで母親が働き家計を支えており、彼は父親のそばについて見舞っていたという。それが彼のひきこもりの期間だった。大学を出て就職することを選ばずそばで家族を見舞うことを選んだ。あるいは器用な人ならば、両立させられることなのかもしれないのだが。

この場合彼がひきこもりだったということは、正しいかもしれないが、ただ単にひきこもっていたというと語弊も生じるのではないか。むしろこのような例は「ヤング

ケアラー」に近いのではないかと思う。最近の言葉だが、若者が親などの介護に加わり十分な教育などを受けられていない苦しい状況を指す。ヤングケアラーという言葉が生まれなくてもそういうことに当てはまる人は昔から一定数いたはずだ。この家族の場合も、本当は何がその中で起こっていたことなのか、誰にも正確なことはわからない。けれども彼の進路が家族の関係の中で一定の影響を受けていたことは十分考えられた。

残念なことにひきこもりの問題は、上記のような優しい物語ばかりではない。私が接した例ではないが、ひきこもりの家庭内の問題が事件化する場合がある。悲惨なことなのだが、父親が子供を殺したり、逆に子供が父親を殺すこともある。このことに関連して言わざるを得ないのだが法務省の統計で、２０１６年には、殺人事件で摘発された件数のうち、親族間の殺人事件が半数以上を占めるようになった。こういうことは他国ではありえないが日本では決して例外的な話ではない。とはいえこれは極端な結果だが、そこまでいかなくても、ひきこもりの本人が家族の中でボス的な位置を占め、そのことで親御さんが困って相談に来るケースがある。この場合も小集団優位の構成を特徴とする日本の社会構造の虜になっていることが考えられる。タテの序列は小集団優位の特徴と比べれば二義的なものであり、リーダーである父親がうまく家庭を治めなければ下からの突き上げもある。序列が逆転することもあるのだ。私はかつて勤めていた企業でも近い例を目にしたことがある。隣接課の課長が心身の不調を訴えた時、私には部下からの突き上げが原因であるとしか思えなかった。ひきこもりの場合も、親御さんは困るだろうし固まった関係を変容するにはタイミングが遅すぎる。しかしそれは本人も同じで、そのような偏った対人関係の取りようを学習してしまった本人が、うまく社会に出て働けるようになるとは思えないのだ。

障害手帳を持つある男性に、家族のことなど聞いて知った。彼の父親は母親や幼いころの子供たちに身体的な暴力を与えていた。本人はひきこもりの経験者だが、他の兄弟は父親に反発もできて相応の年齢で社会に巣立っていった。本人は家に長く残り続けた。父親も本人だけは殴らなかったらしい。比較的無口で穏やかな性格の彼とその後も付き合っているうちにこの話を再び思い出した。ふと、彼は家族の中の「つけもの石」だったのではないかと思うようになった。家族がそのままバラバラになってどこかに飛んで行ってしまうのを防ぐために、一人無口で家族のど真ん中にい続けたのではないかと想像する。ヤングケアラーとは言えないが、本人がひきこもっていることは家族にとっても必要なことだったかもしれないと思うようになった。

ともに働いている障害を持つ女性が、話したいことがあると言ってきた。通常は定期の面談以外では話し合わないので、何かと思ったら父親のことで、という。それには心当たりがあった。以前彼女に、日本では家族の関係が子供をのびのび育てることもあれば抑圧することもある、問題ある家庭では、だいたいは父親が悪いものだという話をしていた。その時の私の頭の中には、男性性の国民文化のことが浮かんでいた。彼女も同調して、私の父親は私が小さいころからすぐ怒り、激しく怒るのでとても怖かった、お父さんには相談などできない、と言っていた。その父親との関係の話をしたいと言ってきたのだ。

女性には、大学で教官に厳しく指導されてついていけなかったことや、周囲の目に敏感で対人関係がうまく取れなかった過去がある。怖くて関わりに問題あった父親との関係が、同じく権威ある存在としての学校の先生との関係にも投影されてうまくいかず、挫折にも影響したことは想像できた。

さて女性から聞かされたことだ。女性は障害年金と福祉事業所での働きから得る収入で自立を果たしていたが、ある日、働きの収入が減ることになりショックを受けた。後日には、さほど大きな減額ではないと冷静になれたのだが、症状が一時的に大きく出てしまい、自殺願望にとらわれた。それで母親に電話で自殺をほのめかしてしまった。父親が母親からそれを聞いて、それで父親とも話すことになった。父親は、なぜ母親に困らせる話をするのか、と聞いた。そこでようやく女性が、今まで生まれてこのかた怖くて父親に相談などできなかったことを打ち明けた。

それまで女性は、もう死ぬまでずっと、父親には何も言わないのだろうと考えていた。初めて父親に怖いと言えた。

なぜお父さんはあんなに怖かったの、と聞くと父親は、しつけだ、と答えた。父親としては、一方的に娘の話を聞かされる母親を心配して聞いてきていた。今まで、家事はもちろん、父親と娘とのやりとりにも母親が間に入った。母親ががんばってきたと言えるかもしれないが、そこには母親の側の問題もあったかもしれない。そんな家族の関係が、これから多少なりとも変容していくかもしれないと感じられた。

言えてよかったね、と彼女に返した。彼女は自立を果たしており、家族は外にも開かれている。そこで距離感も生まれたことから、家族の関係が変容していく兆しも生まれたのではないかと見られた。

以上のように、小集団が本人の生きづらさに影響を与えていたと考えられるいくつかの事例を出した。固有の小集団の場で発生する小さな物語は外部からは基本的には見えない。想像力をたくましくして読み解くくらいしかない。生きづらさを抱える本人がそれと言えることも少ないだろう。

私が感じ取ってきた少しの例も、断定的なことは何も言えないものばかりだ。これを割り引いてみながらも、固有の小さな物語はそれぞれにあるだろうと感じ取れればよいと思う。そしてそれは日本が持っている大きな物語の影響を通して現れている。

最近、何の障害も持たず、貧困の問題でもなく、外形的には健全な家族の中で子に問題が降りかかっている例をメディアで散見するようになった。一つは中学受験をきっかけとする話だ。塾や学校に行かなくなり、テストでわざと0点を取るケースもある。テストでわざと0点を取ることは、客観的に見れば、受験への拒否の態度でしかないと思う。しかし専門家に相談に来た親は、

「受験するかどうかは本人に任せている」

「いやなら受けなくてよいのよと本人には伝えています」

というものらしい。虐待の兆候もない。しかし親は、

「あなたのためよ」

「今がんばらないと後悔するよ」

と、結局は子にプレッシャーをかけているのだと言う。専門家はそれに対して子供の失敗は全部自分の責任だと考えて、結局は子供を自分の成果物だと考えているのではないかと、親に問いかけている。

　また、孤独に苦しむ人への相談窓口を運営するNPO法人の人の話だが、実は相談相手は高齢者ばかりでなく、若者たちも、大学進学や就職時に身元保証のことで悩んでいるのだという。家族が連帯保証人になることを拒否して家が借りられずに、やがてネットカフェ住民からホームレス状態にもなっていく。毒親だという。

「そんな大学に行っても意味はない」

「そんな会社なんか親は恥ずかしい」

　といって保証人になることを拒むのだ。そして本人は身元保証会社を利用すると、家庭に問題を抱えているものとみなされるかもしれない、と考えてできないのだという。

　上記の二つの例に接するとまさに「毒親か」と思う。けれどもでは、当の毒親の、またその親はどんなだったろうとも想像することも大事だと思う。そして共通してこれらは閉ざされた家族という小集団の中で起こっている特徴を持つ。小集団の問題について、今や、ひきこもりや障害などの印を持つ案件ばかりでなく、ごく普通の家庭の進学や就職の機会にも焦点が合わせられ脚光が当てられるようになったのかもしれない。それはある意味では幸せな展開かもしれない。

　家族の話ばかりだったが、小集団は何も家族に限ることはない。数十年もの長い間学級のいじめがなくなっておらずむしろメディアを通しての露出は増えた。すでに述べた通り、この数十年のいじめの現象は、四層構造理論に表される通りに、小集団を舞台にしているように思われる。それぞれの学級内グループの小集団の中で何が起こっているのだろうか。

企業においても、うつ病と診断されたり、そこからの自殺や、過労死の問題がなくなってはいない。こういった問題を呈する企業は、全体としての企業体質に問題があると指摘される。経営陣の責任は大きいが、実際に問題が発生する場は企業における小集団の場であることが多いのではないかと推測する。一つの部署の中で固有の問題が生じているのではなかろうか。小さな集団の中で、リーダーはリーダーシップを十分に発揮できるわけではないことを、中根は何度も説明している。リーダーであればこそ、部下に対して丁寧に気持ちを汲み取りながら仕事を進めなければならない。それができなければ部下から突き上げを食らってしまうことも普通にある。そういう展開も含めて、それぞれの小集団には固有の問題が発生していることがあるだろう。

日本人の専門家として私たちが苦慮するのは、こういう小さな物語に対していかに対処するかということが多い。小集団という構成を前提として考えて、対処できる方法を後でともに考えていきたい。

第五章「大集団＝物語のない世界」

今まで日本の社会構造の特徴を、第一に、個人に対する小集団の優位をあげて話してきた。中根によると、小集団の上位の中集団、そして大集団などを想定する時に、明確な権力による統制などはなくて、集団同士の軋轢や、相互作用などによる、不文律的な動きが見られる。それはある種の予測不可能な世界と言える。そういう意味で大集団とは、物語のない世界と言えるかもしれない。私は歴史や政治の専門家ではないので、私が大集団の動きについて何か書くのはおこがましいかもしれない。しかしここでの目的は、大集団の動きにも一定のイメージを示すことで、本書の全体の構図を共有しようとするものなので、どうか容赦いただきたい。

中根は『タテ社会の人間関係』を世に出して、世から返ってきた反応があまりに「タテの構造」だけに偏っていて腹が立った。おそらく主にビジネスマンからの反応で、組織のタテの指示系統を強く意識させたのではないか。しかし中根の考える日本の社会の最も大きな特徴は、個人ではなく場を主体とする「場の社会」ということなのだから的外れだ。それで十年後に姉妹編として『タテ社会の力学』を出した。その表紙にこう書かれている。

「日本社会では法的規制は極めて弱い。人々の行動を律するのは法ではなく、個人あるいは集団間にはたらく力学的規制なのである。無原則のまま外界の変化に柔軟に対応する日本社会は、〈軟体動物的構造〉を持っている。本来の意味での権力が存在せず、小集団におけるリーダーの力が弱いのも、この特殊な社会構造によるのである」

先に第三章で、大きな物語その①として「個人に対する小集団の優位」を書いた時にウォルフレンの話を出した。そのウォルフレンは権力構造を「システム」「管理者集団」で表現しようとしたが、中根は「そもそも本来の意味での権力は存在しない」と見事に振り切った言い方だ。上記の集団間にはたらく力学的規制を表現するのに、軟体動物的構造であるとした。

この「軟体動物的構造」という表現が「人の社会を軟体動物に例えるのか」といった批判をもらってどうしようもない、とまた中根は嘆くことになってしまったようだ。しかし中根やウォルフレンの本を読み自分でも考えてきた私は、日本社会を軟体動物と例えることにも賛成できる。わかりやすい例えだと思う。

このモデルの言わんとすることはまず、日本の社会は政治の中枢による正統な権力の行使によって動いてはいないということ。そして、集団間の摩擦や軋轢などから生じる圧力によってじんわりじっくりと軟体動物のように動いていること。物理の力学的な動き方に似ていて、それも、細胞の一つ一つがそれぞれ影響を及ぼしあいながら力をためこみ、やわら流動し始め、ある一瞬を超えた時にぐるっと大きく回転していくような動き方に似ていること。

ちょうど最近の経済の動きに、いつもの軟体動物的展開を見て取れると感じている。長い間デフレが続き、物の値段が上がることなんて金輪際ないだろうと日本の私たちは思いかけていた。そんなおり、2022年2月から始まった戦争などをきっかけとして海外から物価高の波が押し寄せてきた。海外では世界的な原料高は、2022年内から見事に価格に転嫁されていった。アメリカでは特にひどくてランチが2000円とか3000円に急騰した。ヨーロッパの多くでも同じだった。ところが日本では、全く起こらなかった。価格転嫁は極力避けられ上がり幅は少なかった。政府のエネルギー高騰対策もあった。アメリカでは経済の熱を冷ますために金利が年間7回も上げられ続けたが、日本では全くそんなことは起こらなかった。

日本の企業は値上げに踏み切ってよいか、互いに顔を見合わせてうかがっていたと思う。軟体動物的な構造の構成単位として、周囲の動きを計りながら慎重にタイミングを計っていた。原料の高騰により系列の下請けが「値上げさせてほしい」と要請しても抑えていたかもしれない。逆に似たサービスを展開する代表企業に最初に値上げに踏み切ってもらうよう、非公式に打診をしていたかもしれない。そのような押しひきから徐々に値上げ圧力が高まってきたのかもしれない。

そして、2024年に入ってようやく物事がゆるりと動き始めた。軟体動物の組織の一つ一つが擦り合って反応し始めた。大企業を中心に少しずつ商品やサービスの値段が上がり始めた。その後でも、中小企業が価格転嫁できずにいて問題視されている。そこでこの流れを強くするために政府も2024年の春闘では賃金に反映するように働き始めた。

このあたりが転換点だった。大企業がこぞって賃金上昇を確約し始めた。多くは組合の要求と同等かそれを超える上昇幅となった。そしてようやく日銀もマイナス金利政策を解除して少し金利を上げた。ようやく、ほんの少しだ。

まさしく軟体動物だと思う。そのうち圧力が高じて、ぐるん、と大回りし始めるかもしれない。したらしたでその勢いを止めることもなかなか叶わないのが日本社会の特徴となる。

以上は最近の経済の話だが、「したらしたでその勢いを止めることもなかなか叶わなかった」例は、先の太平洋戦争の話がふさわしいかもしれない。

日本がなぜ無謀な太平洋戦争に突入したかについて、第三章の大きな物語その③「自死へのあこがれ」で触れたパンゲや司馬遼太郎は「統帥権の乱用が原因ではないか」と特定した。

私にはそれが腑に落ちず、他の戦争の原因論もいくつか読んだが、やっぱりわからなかった。ただし印象として、一つか二つに原因を絞ることはできないのではないかと思った。

リアルにアメリカと戦争をすることは国の破滅でしかないことは、少し考えれば誰にもわかったはずだ。実務を担っていた若手の下士官とか将校と言われる軍人は何度も対アメリカ想定の机上演習をして、何度も負けてその結果を隠蔽した。陸軍で非戦を考え始めた実力将校は血気にはやる若手に暗殺された。開戦派の将校とボスが結託して開戦を牽引した。開戦後も正当な権力によって統制されたことは全くなくて海軍は太平洋の方をながめ、陸軍は南方をながめ、それぞれ勝手に兵を動かした。それで小国日本の戦線は異常に伸び切った。だが国民大衆も「ようやくアメリカと開戦してせいせいした」ようなふしがあり、マスコミは戦意高揚する記事を作り続けて都合の悪い敗戦は事実を曲げて伝えた。軍も情報統制しただろうがそれ以上に自ら行なっていた印象もある。兵隊さんは町の人々から喜び励まされて戦地に向かった。

しかしそこから先は地獄だった。武器も弾薬もなければ食料もない真実を兵士は見せつけられた。これら兵站の計画があまりにずさんで戦わずして餓死した人も多かった。日本が得意とした艦隊を主力とする戦術も、脚光を浴びるようになった航空兵器と比べて時代遅れと変わっていった。それでも始めてしまった戦争は誰にも止められなかった。アメリカに対して初めから勝機などなかったのに、誰も事前に撤退戦略を考えてなかったろう。これに対してアメリカは、開戦翌年の1942年の時点ですでに対日占領政策を検討し始めたという。両国のスタンスの違いに驚くばかりだ。

まさに、ぐるりと回ったら誰も止められない軟体動物的動きだったのではないかと想像する。この動きをストップしたのは、二つの原爆と、それまで決して前面に出てこなかった天皇の働きだった。

戦争が終わって「一億総ざんげ」ということが語られた。これは軍部の誰か一部によって動かされたということではなくて、すべての国民がいちように反省するとの言葉だ。実際に当時の人々にはそのような意識が多かったのではなかろうか。言葉を換えて反対側から表現すれば、多くの日本人にとって戦争は、やむにやまれず降りかかってきてしまった自然災害のようなものでもあったかもしれない。

あえて日本社会の大きな出来事を一つ出してみた。まさに軟体動物にも例えられる社会の動きだが、これは中根による、ミニマムな小集団の性質に着目する考察から得られたものだ。小集団の構造を敷衍すれば、正統な権力によっては統制されない軟体動物にも例えられる社会だとイメージできるのであれば、ミニマムな小集団に着目することは立派にこの社会の全体を見晴らす視座を与えている。いわば、学級でひそかに行なわれるいじめも、ひきこもりの家族の模様も、企業のセクショナリズムも過労死も、この日本の社会を体現した現象だ。個人的なこと、犯罪のこと、病気のことだけにして終わらせることはできない。その上でそこからどうサヨナラするか、ということだと思っている。

第六章「日本という物語からサヨナラする方法」

今まで、小集団を優位とする日本の社会構造を見てきた。空気や世間という概念は、目に見えない小集団の枠内と枠外に散って存在しており、今でも日本人の生きづらさにもつながっている。しかし空気や世間は直視しづらく解決を考えることは難しいので、タカの目でもって上空から見下ろすことにしてみると、そこに小集団の輪郭が浮かんでくる。また小集団と小集団の間の軋轢なども見える。この社会構造を特徴づけるものは小集団からなる構成もそうだし、それ以外に、それと歩みを等しくするように古来から発達してきた構造として、男性性の国民文化や、自死へのあこがれや、本心への忠誠があると思われる。そういった共通に特徴づけられる日本にとっての大きな物語をいくつか見てきた。また逆に、一律に言い表しにくい、それぞれの小集団固有の小さな物語もある。それぞれは固有のものだが大きな物語の柱とする特徴からは影響を受けているものとして、おもにいくつかの家族の話を例示した。また一方で、小集団が集まってできる中集団や大集団のありようはどう記述できるか、歴史や政治の専門ではないのだが、ざっくりとたどってみた。そこに物語はないように見えることも含めて考えてみた。

いずれにせよ、この社会を端的に特徴づける第一は小集団優位の構造だ。ここでは、そこからどのようにサヨナラできるのか、同じく日本人の専門家であるあなたとともに考えていきたいと思う。

とはいえ大前提としては、日本の社会構造がおいそれと変わることはない。この社会構造がベースにある中で、主に生きづらさに対していかなる対処が考えられるだろうか。

それの第一としては、ある意味簡単に応用できることを取り上げてみる。この社会構造に対抗するのではなくて、この社会構造を利用して生きづらさから脱するという手法になる。

タテの序列を利用するのだ。

その①「タテの序列の利用」

これは先にも用いたタテの序列を表す図だ。小集団の中で、AからB、BからD、DからHへはタテの序列でつながっているので、連絡連携がとても速い。しかしこの

図表・7

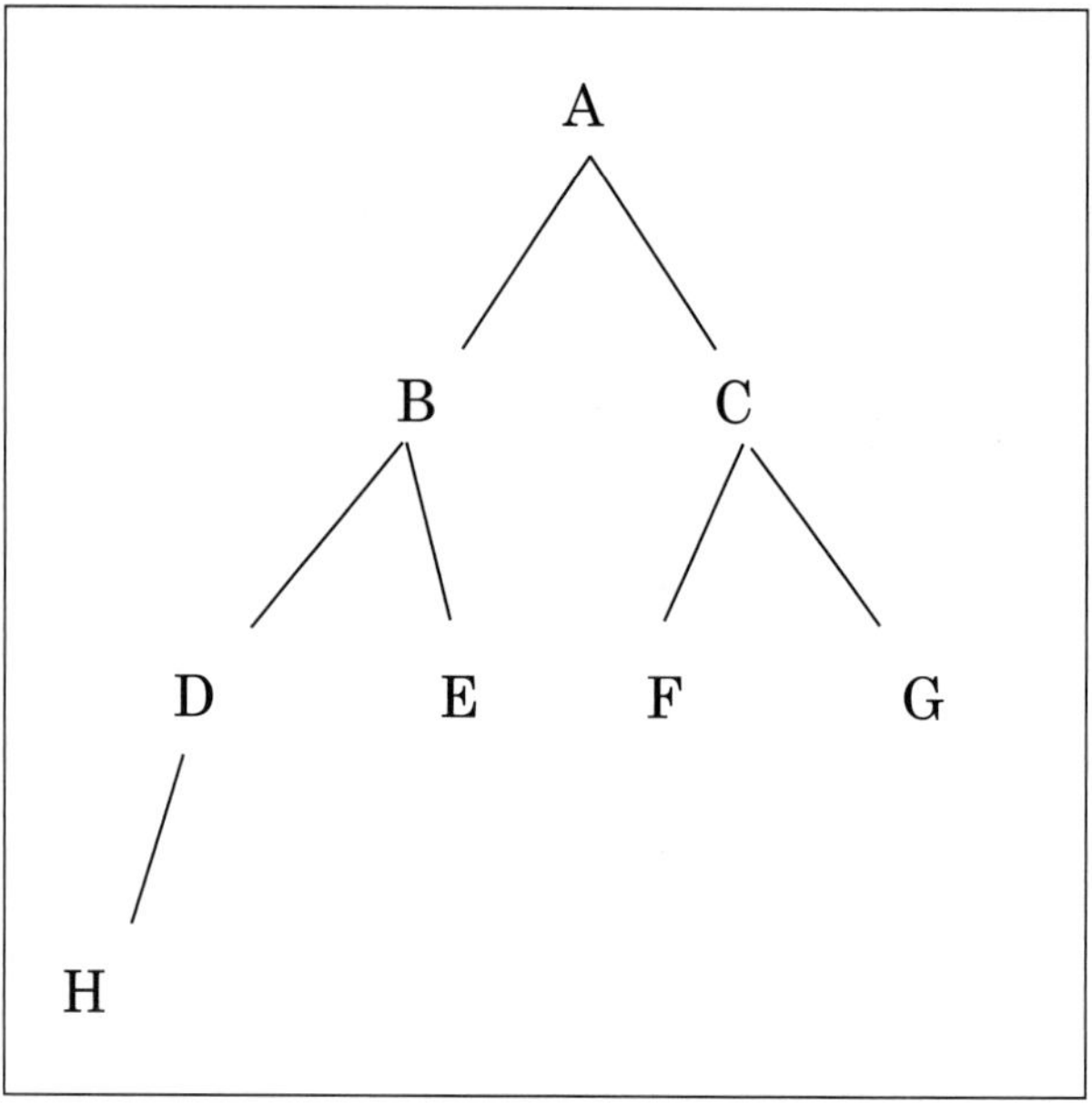

図ではGなどはA→B→D→Hに連なるタテの関係ではつながっておらず、共通の上位であるAを通さなければ相互疎通は難しい。

仮にあなたがGであるとして、Eと仲たがいしたとしたら、そのことをBに訴えることで解決が図られるかもしれない。しかしBが直属のEをかばいがちだとすれば、Aに訴えることで何らかの解決が図られるかもしれない。私が企業にいた時に、直属の上司である係長と仕事の方向性に関して意見が合わないことがあった。私には私の意見の方がどう考えてもよいと思えたのだが、係長は優しい言い方はするが聞き入れようとはしなかった。そこで思い切って係長の上司である課長に言いつけた。ほどなくして係長は慌てて私のもとにやってきて、考え方としては了解するので両方のやり方を併用していこう、という話に変わった。この話は結局うまくいかなかったのであまり良い例ではないが、たまには頭を一つすっ飛ばして上に言ってもかまわないのではないかと思うようになった。この図でいうと、例えば私がGであるとして、Cに意見を受け入れてもらえなかったのでAに直訴した。するとCが多少折れてきてくれた、というものになる。あまり褒められた話ではないかもしれない。しかしこれが、人の一生や命を左右するかもしれないような大事ならば、試してみる価値はあると思う。

例えばいじめ被害に対する対処になると思う。

先にも書いたように、いじめの構図はいろいろあると思うが基本は二通りではないかと考える。単純に一人対一人の構図になっているものと、四層構造のもの、つまり被害者と加害者以外に、観衆や傍観者が形成されていて場の特徴が含まれるものだ。後者のタイプが日本的だ。小集団の構成によっていじめが発生している。教室などの場を舞台にするので誰か一人の加害者に働きかけるだけでは解決は難しいと思われる。四層構造で起こっているいじめは、場の全体が問題だし、場が悪い。先生にどこまで見えているかも疑わしい。

そこで、先生に相談してらちが明かなければ先生の上司に訴える。教頭とか校長とか教育委員会とか。それでらちが明かなければそれらの上司に当たるものに訴えればよい。市町村に訴えればよいし、それでも何にもならないなら都道府県の教育関係機関にあたる。いろいろなところに訴えていけば、そのうち意識の高い人に出会えて話が通じるのではなかろうかと思う。

逆に、事を必要以上に荒立てないように、と親が思っていたら、いじめ問題の術中に自らはまっていると思う。それはいじめの場にいる四層の者と発想が同じだと言わざるをえない。

いじめに関してはタテの序列をさかのぼっていって訴えるやり方の亜流として、外からの風を吹かせるという方法もあると思う。

私の家族の場合、子が小学生の時にクラスの他の子からいじめられていたが、先生に手紙を書くとすぐに教室の中で働きかけてくれていじめはなくなった。私は先生に書いた手紙で解決しなければ突然教室に押し入ってでも、外の風を吹かせようと考えていた。

外部から介入するためには、わかりやすいのは、事件化だ。警察に電話してしまったらよい。小集団の外に出ることになるが、警察の権力を借りることはある意味でタテの序列を意識した訴え方でもあると思う。

ここ数年は特にそうなのではないかと想像するのだが、いじめの起こるような学校の教室は心理的に閉ざされているのではないかと思う。その中では先生も例外ではない。先生同士が孤立していて共同して問題を解決することが期待できないかもしれない。クラスで起こっている問題を卑小化して、あたりさわりなく一年過ぎればそれでよいと思っているかもしれない。だから「いじめ」ではなくて「加害事件」として扱える要素があれば外の風を吹かすチャンスだ。この点では法律事務所などもあたってよいと思われる。場の問題は場の中にいては解決しない。場の外から風を吹かすこと、できれば権威を借りてタテの序列を利用しながら、吹かすことだと思う。

同じことは企業内の小集団における問題でも言えると思う。ケースによるが場合によっては社長に直訴してもよいし、内部告発の形ででも専門部署や専門機関に訴えられれば良い。それをせずにうつうつと精神症状を悪化させるよりは、よほど良いと思う。

ただしここで問題になるのは、もう一つの種類の小集団の場合だ。

そもそも日本人が育っていくにつれて人格形成に強く影響を与える場は、最初に家族、次に学校の学級でできたグループの場、そして社会に出て仕事を始めた時の人間関係の場となる。学級の場や、職場の場合、タテの上位に訴えやすい環境になっていると思うが、家族小集団の場合はどうだろう。例えば両親と二人の兄弟が構成員として考えられる時、この四名の中の誰かが虐げられていたり、あるいは先の章で触れたような「調停者」になってしまっていて、家族がバラバラにならないように一心にそのストレスを引き受けていたりしていたら、タテの序列を用いてそのバランスが再調整されるような機会が訪れることはあるだろうか。

これは、難しいと思う。日本人の家族は平均的に見て他の国々の家族の形とは違い、外から見ればその閉鎖性は高いだろう。そして子が成長して独立していくまでは、家族内の関係性や序列などはそのまま維持され続けるだろう。もちろんそうでもない家族もあると思うが、病的な衣をまとった家族ほどそもそも閉鎖性は高い。

少し話は変わるが、家族はなかなか変わることが難しいと感じた私自身の一例を挙げる。子供が生まれてから、当たり前のように私たち夫婦は「お父さん」と「お母さん」になり、お互いそう呼び合っていた。子供にとってはそれがわかりやすく、誰でもすることだ。ところが子供が育ってきて大学生にでもなれば、話は一変する、というか、私たちの場合は一変してしまった。子供があろうことか、

「いつまでお父さんとかお母さんとか呼び合っているの」

と根本的な疑義を唱えたのだ。その指摘は正しい。成人が三人の家族になったら、お父さんとかお母さんとかは存在しなくなってしまう。ただの三人の家族であるだけだ。理屈ではわかるし逆にいつまでもお父さん、お母さんと呼び合っている、それこそ子供がいなくなった夫婦が互いにそう呼び合っている例を、極めてへんてこな日本の慣習として紹介する本を読んで知っていたので、そのことに自分も納得しているので逆に相当困ってしまった。今さらお互い何と呼べというのか。子供は、

「昔、お互いに言っていた呼び名でよいのではないか」

という。それはそうかもしれないが、結婚当初に呼び合っていたお互いのニックネームなど20年以上前に捨てていたのだ。しかもその呼び方なんてだいたい恥ずかし

いものだ。これは相当に困った。しかし結局は、私はこの理屈に納得しているので、二人だけの間で通じていた恥ずかしいニックネームを復活させることにした。

「何なのそれは」

子供は笑った。うるさい、君のせいだ、と思いながら、しかしそのうちにその呼び名に慣れていってそれが当たり前には変わった。こういうことも単純な話なのだが、家族というものはそうそうに変わることが難しいと言える一例ではないかと思う。

話を戻す。タテの序列に訴えることは家族小集団の中では難しい。そもそも私は問題のある家族小集団の中で、最も問題の中心にいるのは父親であることが多いと思っているので、訴えに行くタテの序列の先がない。場合によっては、親族の関係は使えることはあると思う。中井もおじ、おばを使うとよい、ということを言っている。ただ、現代の家族はそもそもサイズがさらに小さくなっており、おじおばが影響力を持てることも少なくなっているのではないかと思う。

タテの序列ということに限らなければ、上のいじめの場合について考えたことと同じく、外からの風を吹かすことは可能だと思う。主に子への虐待の文脈などで、社会福祉士などが家庭を訪問することはある。ひきこもり支援でもアウトリーチの手法、訪問活動がある。これらは職員が家庭訪問をして外の風を吹かしに行くことになる。

ただし個人の力量に負うところが多く、また、難しい案件に限って訪問を断るケースも多くみられるだろうと思う。

そういうわけでタテの序列を利用することは、それが可能な条件があれば、即効的な対策になるかもしれない。それが難しいと感じられた場合に、次には何が考えられるか。

その②「小集団からの離脱」

それで無理な場合は、次は逃げの一手をお勧めする。問題ある当の小集団から離れる、という選択肢になる。

学校でいじめ被害にあった場合に、働きかけても物事が解決しないような場合には、あきらめてさっさと転校することは解決策になる。転校できる経済力や環境にあるかどうかは問題になってくる。けれども大切な子の人生や子の命を守るためには持っておきたい選択肢になる。四層構造型のいじめは誰か一人が変わったところで、例えば一人のいじめっ子が改心したところで、それまではそうでなかった子が代わりにいじめの中心人物としてなり上がってくることもある。だからいっそ、場を変えることは選択肢に入っている方が良い。

企業の場で働き方に関する問題、コンプライアンスに関する問題があれば、まずは軌道修正を訴えることが第一なのだが、必ずしもうまくいくとは限らない。これも場に発生する問題ならば、誰かキーパーソン一人を選んで頼んでもその人にも変えうる力まではない。長い時間をかけてでも企業風土を変えていける可能性が感じられれば、そこに一蓮托生することも一つだ。可能性さえも感じられなければ、ある程度のところで見切って転職することは選択肢に入れておいた方が良い。

企業全体に問題があるわけではない場合も多いかもしれない。その場合は転属を申請することも選択肢の一つに入ってくる。小集団は部課単位で発生するので、働きづらさは部署を離れるだけで解決につながるかもしれない。

ただしそこで活躍している人材ほど、見切りをつけることは難しいのではないかと思う。ニュースに取り上げる回数が多いからかもしれないが、高級官僚の自殺を目にすることが多い。ある程度高い地位にいる人ほど、その組織と自分自身とが一体となっているように思われる。その場合にさっそうと転職して新たな地平で挑戦する自分など想像もできないものかもしれない。しかしそれは誤っている。組織に身を任せることは日本の小集団優位の社会構造にからめとられてしまっている。組織と自分は違う。組織に自分の身をささげる必要はない。また身をささげるまでして貢献しても組織が自分に何かをご褒美を提供することはない。ひょっとして高級官僚の場合は天下りなどの甘いご褒美があると期待して、それを目指して組織と一体化してしまうのだろうか。しかしそれはそれで目を覚ました方が良いのではなかろうか。

もともと自分が所属する主人はただ一人、という歴史的な文化の点からもうなずけるような、年功序列制を発達させてきた日本だ。転職がブームになったと言っても、転職した後の方が給与水準は下がる場合はあると思う。しかし自分自身の生きづらさ、病的なしんどさまでひきずってもなお組織に倣い続けることは必要ないことだ。周りを見渡せば鞍替えして自分のキャリアをごろっと変えてみせた、トリックスター的な先輩諸氏はいくらでもいるだろう。そういう人の話ほど面白いものだし、あなたも聞いてみてはいかがだろうか。

所属する小集団に固執しなくてもいくらでも道はある。企業内小集団を退職して逃げることは出来うる。また、学級の小集団から逃げるために転校等することも選択肢としてはありうる。

ところが家族小集団から逃れることは一般に見て、とても難しい。特に学生以下の子供が家族を離れる手段は基本的にはないと思う。特殊な場合はありえる。何かのきっかけにより親ではなく、おじおばや祖父母に育ててもらうことはあり得るかもしれない。ただしそれはある種開放的な家族に見える。何かの困難があってそうなったかもしれないが、家族小集団そのものは健全な性質であるように思える。家族小集団そのものに問題がある場合、その渦中に子供が入ってしまっている時に、その子供が家族を出ていくことはとても難しい。極端なケースでは、親による子への虐待が認定された場合に一時的に、または子供が18歳を超えるまで、養護施設にて育つ施策はある。そこまで極端でない場合に親子が分離されることは通常ないと思われる。

この場合に考えられることで、実際に行なわれてもいることは、やはり、外からの風を中に吹き入れることだ。先ほども書いた通り、社会福祉士やひきこもり支援でも訪問活動があるが、子供本人に特段の問題行動がなければこれは生じえない。シングルマザーのご家庭などに社会福祉協議会などが訪問できたりはする。今、もっと現実に対処できていると思われるのは子ども食堂だと思う。その関連で、子供の居場所づくりに取り組むNPO法人の方が、新聞のインタビューに答える記事が印象に残っている。放課後に子供たちが集まり自由に遊んだり勉強したりできる居場所を運営している。代表が心がけることは監視役になることではなくて、できるだけ黒子に徹することだという。心を開いてもらえると、その子供たちが、虐待やいじめ、自傷行為を打ち明けるようになるのだという。しかし最後に必ず、

「親にも先生にも言わないでね」

と付け加えるものだ、というのだ。

とても切ない言葉に見える。外からの風を吹かしても、子供はこの親の家庭でその後も育っていく宿命にあることを十分によくわかっている。その上で親の機嫌を損なうことなく子供なりに一所懸命に配慮している姿だ。

しかしたとえそうであったとしてもこのような活動の意義が薄れることはないと思う。

今まで、いかに日本という物語からサヨナラするのか考えようとしてきた。この日本の物語が残り続けることが前提にあるので、いっそこの形を利用するような対策を、ということでタテの序列を逆に利用すること、小集団から離れてしまうことを考えてきた。これらの方法は、日本という物語を利用しているので、本当の意味でサヨナラするものではなかった。さらに家族小集団を目の前にする時に、特に問題がある家族の閉鎖性によって、これらの方法が十分には機能しないかもしれない。

それではどうすべきだろうか。

日本という物語から、本当の意味でサヨナラする方法を考えることになる。

その③「外につながっていく」

　個人として対処する方法が次の選択肢として考えられる。小集団には帰属するのだが、それとは別に個人の領域をしっかり確保していく。

　そのためにはどうすればよいか。


　ここで本書の最初に紹介した、中根の理論を振り返る。

　中根は、ある集団が構成されている第一の条件として集団を構成する個人が共通した「資格」を持つことと、集団を構成する個人が共有する「場」があることの二つに分けた。「資格」は普通使う意味よりずっと広くとらえており属性のようなものだ。生得的な家系や血統も、また個人が獲得した学歴、地位、職業、また老若男女の違いなどのそれぞれを「資格」とする。一方で共有する「場」に注目する構成要因は、先のさまざまな資格には全くとらわれておらず、ただ、一定の地域や所属機関のように一定の枠の中で個人が集団を構成していることを指す。最も身近でまた最も小さな枠は一つの家になる。

　日本は極端に「場」の社会だ。それならではの問題が場を拠点にさまざまに表れてきた。ヨコにつながっていくことが難しいのだが、対照的な他の文化圏の諸国であれば簡単に行なわれる。インドや中国やイタリアなどは比較的に横のつながりを広く持てる社会だと思われる。中根によればインドでは、同じカーストに所属すると分かった二人は、出会った瞬間から親友にもなるようだ。この「資格」の社会の要素を取り入れてはどうだろうか。「資格」を頼りに、自ら積極的に外の風をあたりに行くことになる。

単に積極的に個人として外の場につながっていく、と言っても、普通の日本人ならば誰でも普通に行なっているではないか、と思われることだろう。ただし、例えば正月の年賀状のやり取りをしているからと言って、年賀状の数だけ多くの人とつながれているとは思ってほしくない。年賀状のやり取りをしている人に、本当に困った苦しい問題、例えばあなたの家族に大きな問題があり、父親の暴力に逃げまどっているけれどもどうすればよいか、などと相談できるだろうか。あるいは通っている学校のいじめにどう対処できるか具体的な相談を年賀状の相手にできるだろうか。ふだん遊んでいる友人であったとしても、あなたが本当に困っているど真ん中の話を十分にできて、一緒に解決に走ってくれる人は一体何人存在するだろう。

そう考えればここで検討している、外につながっていく先、とは単なる友人や知り合いの輪ではないことに気づく。本当に大事な問題をこっそり打ち明けられて親身に相談できる、そして内緒にしてくれる人だ。

まず地域の支援の輪がある。子育ては家族だけに任せず地域で育てることがうたわれるようになった。高齢者の寄り集まりの場も充実してきている。それぞれの居場所はその構成員により特徴づけられるので合う合わないの問題はあるが、多くの人とつながっていける可能性はある。

同じ問題を被っている人同士の集まりの場もある。自助グループと言われる。アルコール依存症の人たちによる自助グループが最初で最も有名だ。他にも精神障害や知的障害を持つ方の当事者の会や家族会がある。他にもＤＶに関する組織など、同じ困難を抱える方たちのさまざまな自助グループが形成されている。そこに自ら足を運ぶことで、同じ問題を抱える仲間とのコミュニケーションから参考になる話を得たり、本人と家族の関係が会での振る舞いから自然に伝わってきて参考になることは多いと思う。だがこれらはある共通の障害をもつことが「資格」の印になって集まるグループだ。本書で見てきたことは、それぞれの固有の障害や困難があったとしても、それらの病名や現象名で語られることの原因として、日本社会の固有の構造があるのではないかということだ。これらの会はその社会構造を照らすものではない。一人一人の困難を共有することが目的だ。だから本書の意図するところを真ん中から取り上げるものではないが、参加する意義はある。

ただし、当事者が主体であって問題意識を共有でき、そこだけの話も生まれる信頼できる場であったとしても、そこもまた小集団だ。場の運営は経験のある人や当事者によってよりよく考えられているが、いつもすべての人々にとって良い場になりえているかというと、必ずしもそうでもない場合がある。小集団をうまく取りまとめることは、それなりのスキルを要する難しさがある。だから先の章で書いたように、小集団に難しさがある場合はそこから抜け出て、また探せばよい。一つの小集団と合わなかったとしてもそれは合わなかったと感じる個人に原因があるわけではない。そう考えて柔軟に行動すればよいと考える。

そうやって自ら外の場に赴くことで、ふだん自らおかれている状況と心理的な面で距離を置くことができ、心のバランスを取り戻して生きていけるかもしれない。

もともと本書は生きづらさを感じる本人になり代わって内実を代弁したい思いでも書いてきた。もしも生きづらさを感じる本人の周囲にいる理解者が今これをお読みなのであれば、ぜひお願いしたいことがある。自ら外につながっていくことは本人にとってはハードルが高い行動となる。また、地域のつながりや自助グループだけが本人の困難としっかり向き合える、というものでもない。小集団は外から見れば中で何が起こっているのか気づきにくい密室だ。しかしあなたにとってややアクセスしやすい関係の人たちはいると思う。何度も書いたが、家族にとってのおじやおばの関係などはその一例だ。あるいは近所の子供さんと、単に挨拶するだけ以上の、仲良くされている関係があるかもしれない。何かしら甥や姪、近所の子供たちに少しふだんと違う様子、その親からたまたま聞こえてきた気がかりなどでもよいが、そういうものがあればていねいにすくい上げていただきたい。あるいは社内にいつも気にかけている部下がいるかもしれないし、学生時代にかわいがってきた後輩もいるかもしれない。たまにはあなたが彼らに話をするためではなく、彼らの話を聞くために飲みに行くこともよいかもしれない。

いろいろな生きづらさの問題があり、時にはその種類ごとに行政に必要な機能が追加されていく。最近ではこども家庭庁が新たに発足した。それは良いことかもしれないが、一方では、一件のいじめの認定をするためだけで多額の予算が発生するとか、何年かけてようやく認定されたとかされないとか、はたから見るともどかしいというより他はない。行政のお金を費やして大仰にやってもよいが、身近でアクセスしやすい存在が声をかけてあげる方がよほど早く、うまくいくように見える。必要なのは少しばかりのおせっかいを試みるあなたの勇気だ。

現在私は障害者の支援の活動をしているが、定期の個別支援計画を予定通りに作成していくことが大事なのではなくて、本当に本人が困った時に迅速に声をかけ、支援計画に書かれていようがいまいが関係なく、必要なことをともに考えやっていくことだと思っている。就労の場を作っているが、本人の困りごとは就労現場の作業のことよりも、日々の生活に生じていることの方が圧倒的に多い。働く場の運営なので、生活上のことは遠慮して聞いてはいない、では本当の意味で仕事になっていないと思うので、本人が了解する範囲でプライベートのすべてを聞いて困りごとをともに解決するよう心がけている。

おせっかいが何より大事だと思う。あなたの「おせっかい介入」が、生きづらさを感じる本人を外の世界へとつなげる何よりの助けとなるだろう。ぜひ頭のすみに置いておいていただきたい。

さてここまで、日本という物語からサヨナラする方法として「タテの序列の利用」「小集団からの離脱」「外につながっていく」と書いてきた。

本当の意味で日本という物語からサヨナラする方法というよりは、日本という物語が存在することを前提に、よりよく生きるための対処をおもに書いてきた。日本という物語がどこかに消え去ることもないので、本当の意味でサヨナラ、と言える方法にはまだ少し遠いと思う。ではどうすべきか。考えうる最後の方法を紹介する。

その④「自分の物語からサヨナラ」

ここでは、より個人としての強さを獲得していく方法を考える。

中根が大きな社会学の視点で描いた国民性は、「場」の社会と「資格」の社会だった。しかし中根の他書を見るとそれとは別に「個」が中心の社会が考えられるようだ。アメリカやイギリスの人々は個人を単位として考え生きることが他の文化圏の人と比べて強いと思われる。ここでは世間話的にしか言えないのだが、アメリカの子育ては生まれた直後から赤ちゃんを一人別室で寝かしつけることから始まる。また子供が悪いことをしてしかりつける場合、日本では「家の外に出ていきなさい」というがアメリカでは「部屋から出るな」と言って叱る。小集団主体の社会では集団から外れることが罰となり、個が立つ社会では集団に囲われることが罰になるのだろう。とはいえ欧米にも昔は世間があった。それが世間学を始めた阿部の発見なのだが、それは中世のころの話で、おそらくその後、人間中心主義が台頭してから、一人の人間は神との関係のみで自分を律して生きていくことになったことが、個の強さと関係するのではないかと思う。

私たちもアメリカ人やイギリス人と同じ人間なのだから、私たちも、完全に個人として生きることを検討しよう。いわば居場所さえも必要としない強さも、考えていければよいのではと思う。個人が立てば、日本のように小集団の場を契機として発生する問題に直面したとしても「笑って」落ち着いて対処できると思う。また場は変えられずとも、自らの個の力を発揮して個人の生活領域についてはどんどん豊かにしていけると思う。

しかしそんなことができるのであればそもそも苦労しないし、それは果たして楽しいことなのか？　あるべきことなのか？　など疑問や不信も出てくるかもしれない。居場所を必要としない強さとは、個人の心の強さ、というイメージかもしれない。心が強いとは、体が強いというのと似たイメージだし、そんなことできるものならすでにやっている、と思われる向きもあるだろう。しかし私の経験では、心の強さとは体の強さとは対極にある。肉食系か草食系かと問われれば間違いなく草食系だ。心の強さは習慣づけによって獲得できる。

欧米では個が大切にされ、個人が親密圏の集団の一員としての要素が強い日本とは、真逆にあるが、これは遺伝子によって規定されてはいない。ただの文化の違いだ。キリスト教圏の文化は日本人にはわかりにくいが、一神教の神様がいなくても個を立てることはできるだろう。

居場所がない、つらい、という時には、親密圏（例えば家族や、学級の中の仲良しグループ）の中で自分が「受け入れられていない」「気を遣わずにはおれない」「安心できない」という時だと思う。しかし究極的に考えれば、ありのままの自分のすべてを受け入れてくれるところは世の中のどこにも存在しない。究極的には、すべての人は孤独だ。いかに家族や愛する人や友人たちとつながっていようとも、すべてを完全に分かり合えているわけではない。一人一人の発する言葉に相槌をうったとしても、本当に心の底から納得して行なっているものでもない。究極的には、言葉もあいまいで、それぞれの人はそれぞれ異なる文脈で言葉を発して生きている。同じ表現をしてもその言葉を使う背景はそれぞれの人で違う。人間が言葉を持つからと言って真に分かり合えるわけではない。そういう意味も含めて、まずはすべての人間は孤独だ、というところから話は出発する。

次に、私もそうだったが多くの日本人が、居場所がないと思う時、集団にふさわしい一員になれていないのではないか、と感じているかもしれない。無理を押してでも努力してなろうとするが、その苦労に限界が来ても報われない時にはどうしようもなくなる。すべての人間は孤独なのだが、日本では、集団による影響力が大きくて、各成員に「こうであれ」という圧力が与えられている。多くの場合は、タテ関係のボスから発せられる。家族の場合は父親、次に母親で、学級の仲良しグループの場合はリーダー格や、発言の多い人から発せられている。日本的には、その意向にそってふさわしい成員になろうとする。それはとても自然なことで、そこに疑問符をつける人はほぼいないはずだ。しかしつらいのであれば、一度立ち止まって考えてみる必要は出てくる。

個が立つ社会であれば、親密圏の集団内で過度に周りに配慮してはいない。しかしそれは全く配慮せずに個々がバラバラであることとは違う。世間学の佐藤の本に書かれてあったが、海外を歩いている時に前から中国人の集団が歩いてきた、彼らは中国語で語り合っていたが、佐藤の存在に気がつくと英語に切り替えて話しだしたとのことだ。もしも中国語で話し続けていても問題は特にはないが、全くアカの他人である通りがかりの人に対しても、その人が気にかかることがないように、その人にも分かる言葉で話すことが礼儀にかなっているとの考えなのだ。個が立つとは、集団の意向を気にしないというよりは、親密圏にある集団内であってもそうでないアカの他人の前であっても、同じく礼を取り等しい距離感で接するということだと思う。

逆に日本人は親密圏を離れるとそこに他人がいることさえ気にしない態度が多い。これも佐藤が出す例だが、日本人は、並んで電車を待つ多くの人を出し抜いて電車の座席を自分と友達の分だけ取ってしまう。親密圏の人には優しいかもしれないが、周りの個人を一顧だにしていない態度だ。

つまり個が立つということで私がお勧めすることは、たとえ親密圏の人の中にあっても、過度に依存しない依存されない距離間を保つこと、になる。それをなすためには同時に、アカの他人に対してある程度以上の礼儀をつねに持てていることも必要になると思う。これは肉体派のマッチョの考え方ではない。異なる種の動物とも仲良く草をはむ草食系の考え方だ。

個を大切にする、個人主義というと、自己責任という言葉とつながり、一人ですべてやっていかねばならないと、また、他人のことは知らない、などのニュアンスでも取り上げられるのではないかと思う。それは本来の意味ではないと思う。本来は、グローバルスタンダードに多くの人とつながる草食系のあり方だ。個人が立つ社会にあっては、他人の権利をきちんと守らないと自分の権利も同様に侵される危険をはらむからだ。

さて、こういう考え方では「自分の居場所がない」ということが「自分の居場所はどこにも等しくある」に変わると思う。一方で親密圏は手放しているから過度に依存することもされることもない。すべて平たい関係だ。

ただし何よりも大事な関係がある。すべて平たい関係を作れるためには、自分自身が何者にも侵されない絶対に不可侵の壁で守られている必要がある。自分という核が固まっているからこそ、すべての人と平らな関係を築くことができる。自分という核がなければどこの方面からでも侵食されやすくなる。

それが強い個ということであれば結局はマッチョにならなければならないのだが、個は習慣づけの産物だと私は思っている。日本人は慣れていないのだ。今まで、親密圏にいる、小さい集団で慣らされてきた侵食される依存関係を一旦かっこ書きに納めなければならず、それが難しい。つまりすべきは今まで慣らされてきた習慣、行動のうち要らないものを脱ぎ捨てることだ。ここが一番難しい。

そして、ここから書くことが本書の最も核心の部分になる。

小集団の場にはある種の居心地の良さがある。問題があるにせよ、その中で囲われて互いに依存される関係も大きな問題がなければさほど悪くはないし、第一日本人はそれにずっと慣らされてきた。自分個人として、その物語といかにサヨナラできるかが問われている。

つまりサヨナラするのは日本という物語であり、そしてそれは自分の物語としてふだん認識するところのものだ。私たちは、自らの物語とサヨナラする時にはじめて、日本という物語からサヨナラできるのだ。

本書の核心をなす結論は以上だ。だから、基本的には、これ以上私がみなさんにお伝えすることはない。なぜなら一人一人の物語は一人一人に固有で、本人にしかわからない。ましてそれが実は日本という物語に侵食されてできたものであると言っても、それの要素のどの部分が強く、どの部分に特に浸食されているかは一人一人によって異なるだろう。だからみなさんは、本書で今まで書かれてきて、その中からみなさんが受け取れた内容と自分自身を照らし合わせてみて、独自に自らの棚卸をされて、新たな一歩を歩んでいくことになる。そのために私はその素材を本書で書き連ねてきた。

ただ、もしもあなたが自らの物語からサヨナラしようとする時に、まず間違いなく直面する困難が予想できるので、最後にそのことについて触れておく。それが、なんと「ダイエット」に似ているだろうと私は想像する。ダイエットに必要なことは食に関する習慣を変えることだ。一方自らの物語からサヨナラするために必要なことは、思考に関する習慣を変えることだ。双方は習慣を乗り越えるという点で、似ている。私は実際にダイエットしたことがあり、両者の共通点から、あなたが自らの物語からサヨナラするイメージをやや具体的に示すことができるかもしれない。その私の経験から考えて、第一に直面する困難は、

「大きな拒絶反応に遭う」

ということだ。

ダイエットを決意して始めたらすぐに私は自身からの拒絶反応にあった。食事制限し始めてから数週間後に、頭がぼーっとして足元もふらついてきた時に、一粒のアメだけ口に入れてみたら、ズギューン、という音が頭の中で鳴り響き、心地よい甘味が全身を駆けめぐった。アメとはこんなにもおいしかったのかと感動したが、あとで冷静に考えると、アメをなめた瞬間に糖分が体に吸収されることなんてありえないことだと思った。せいぜい喉と胃の間を転がっているだけなので、ズギューン、も、全身を駆けめぐる甘味も、全くのウソ、デタラメなのだ。これらは私の身体が、私に食べさせようとして作ったウソの神経信号だった。このことを悟ってから私は、自分の身体には決して騙されないようにと覚悟を決めた。頭や足元のふらつきも含めてこれが、自分の身体が発する拒絶反応なのだ。実際には太っているからダイエットしようとするくらいなので、栄養は十分に足りているのだ。

あなたが自分の物語からサヨナラするために思考の習慣を変えるようにする時にも、似たことが起こるだろう。つまり、他ならぬあなた自身の思考からの拒絶だ。あなたが困難に思い窮屈に感じる小集団からのサヨナラを企図したとしても、そうはいってもそれなりに過ごしてこられた関係性であり、ある日突然にサヨナラすることは他ならぬあなた自身が拒絶するものだ。だからゆめゆめ、ある日突然にできるなんて思わない方がよい。長い時間をかけて、じっくりと思考実験を重ねることになる。最初はおそらく、自らの物語とサヨナラするためにこうであれと得た結論が、自らの物語を強化する内容でしかなかったりする。あなたが反面教師として、

「こうはなりたくない」

と思ってきたような周囲の人の行動からもヒントを取り入れ、自分がよしとしてきた行動のすべてを組上に上げて本当にそれでよいのか、じっくりと自問していくことになるだろう。

そして次に十分に予想できる困難だが、

「リバウンドに遭う」

だろう。ダイエットは一年くらいかけて行なうことが望ましいと言われる。体重を減らすだけならば多少過激にやれば目標まで一年もかけなくてよい。私は実際に半年で10キロやせることができた。しかしリバウンドもあるから、その後もさらに半年、緩やかに食事制限はかけ続けて体重管理も続けた。すると驚くことに、体重は同じで維持しているのに他者から、

「またやせたね」

とよく声をかけられるようになった。そこで何が起きているのかようやくわかったのだが、体重だけ先に減っても、体型はすぐには変わらないのだ。さらに期間を置くうちに肉付きが新たな体重にふさわしいものに緩やかに変わっていった。それなので体重が変わらなくても痩せていっていると他者に感じられたのだ。もしもこの期間中にダイエットをやめてしまうと、体型が変わっていないのでとても簡単に元の木阿弥に戻ってしまう。世の中でリバウンドが多いこともうなずけた。

自らの物語からサヨナラする時にも同じことがあると想像できる。自らの思考の習慣を変えることはある程度できたと思ったらスキが生まれ、いつの間にか元に戻ってしまうということもあるだろう。だからできたと思った時点で、同じ期間の間、その後もつねに点検して大丈夫なのか、探っていく必要があるだろう。

さて、これで私がみなさんにお伝えできることはなくなった。

あとは私自身の小さな物語をお伝えする。私には、私自身が何にとらわれて生きづらさを引きずってきたかについてはわかるので、小さな一例として参考にしていただければと思う。

おわりに「私の物語」

私は建設業を営み兼業農家をしている家の次男として生まれた。父は一人っ子で親からは甘やかされて育った。とはいえ昔の時代、一家の大黒柱としての重責は感じていたと思う。祖父は大工さんだったが父は建築士の資格を取って工務店を経営し始めた。高度経済成長期であり順調に仕事を得ていたと思う。兄と弟の私にも、二人で家を継ぐことを期待していた。私は小学生のころから、建築中の梁だけの家の二階に上がって屋根の板を釘打ちしていた。すんでのところで逆さまに落ちかけたことがあった。中学以降になると大工の手伝いはあまりしなくなった。しかし農業があり、これは兄や妹とともに一家総出の作業であり続けた。私と兄は子供のころからいつも家業の仕事をしていたことになる。つまりお互いの依存関係が強い方の家族だったと思う。

いつのころからか、私はいつも家族の真ん中にいるようになった。先にも書いたように、学生のころには、夕食の後、兄と妹が二階の子供の部屋に行って、私だけ両親のいる居間に残って両親の観たい番組を一緒に見ていた時があった。子供たちがみな二階に行くと親が嫌に思うような気がしてできなかった。夕食時も親と話を合わせることをしていて「お前は面白い子や」と笑われていた。そうでなければよくないと自分でも感じていた。

私は三人兄妹の真ん中だったが、兄弟姉妹の中で真ん中の子を「中間子」と言って特別の特徴があるとされている。例えば中間子は手のかからない子とよく言われる理由は、親が手をかけなかっただけだ。忙しくて手をかけられない、それが当たり前で育った結果、周囲の人に気を遣ったり、その場の空気を読んで自分を抑えてしまうことがあるという。中間子は親に手間や迷惑をかけないようにと、子供ながらに注意をして生活してきており、その習慣が大人になっても抜けきれていないことがある、などと言われる。

私も、手のかからない子だ、と言われており、この中間子の説明にははまってしまうのだが、そもそも家族構成の関係に注目して特徴づけられることは、日本の家族小集団の特徴になると思う。小集団が主体であり個は抑えられているので、家族の構成員の誰にとってもそれなりに他の家族に配慮した行動が習慣づけられるだろう。例えば長男は父の期待を一身に背負うものだろう。

ところでこのこと以上に、私を苦しめる芽がもう一つあった。勉強ができたことだった。小学生のころから親にも先生にもよく知られていた。親は期待するし、自分ごととしても世の中で大きな活躍をする何者かになるのが普通だろうと感じていた。しかし生まれ育った地区レベルで勉強がよいとされてもどうなのかと今なら冷静に思う。勉強ができることよりも人望の厚さや、物事にかける情熱の高さが人の出世を決めるのではないかとも思う。しかし私は幼少期からすでに、周囲の大人からの期待、の形で発せられる「男性性の国民文化」の圧力にさらされてしまっていた。

国立大学に一浪してようやく入れた時にはすでに擦り切れていた。専門をつき進みたいと漠然と考えていたが、行きたい専攻は所属部内には見出せなかった。浪人して老人のような風貌となり疲れ切って入っており、勉強などせずサークルに入り浸ったりアルバイトしたりしかしなかった。そのサークルの活動の関連で何となく他大学に行きたい進路を見出したが行動能力がすでになく、見学などしてみたが相手にされもせず、心はふさぎ込んでいった。大学院の受験に失敗して、精神的におかしくなったことから、精神科の医者を目指そうと思った決心もすぐに裏返った。心身ともに疲れていく一方で、学者になる野心を捨てざるを得ないことをようやく悟った。

自室でカッターナイフを手に当ててみてから泣きに泣いた。挫折を認めた瞬間にとても自然な形で「自死へのあこがれ」を抱いたのだが、私には勇気がなかったので実際に手首を切ることにはならなかった。もちろん、少なくない人が決行できる実力までなくて、自殺を思いとどまるものだと思う。しかし実際に自殺するかどうかとは別に、日本人はとても簡単に「自死へのあこがれ」を抱いてしまうものだと思う。

自殺する代わりに精神的に死んで生まれ変わることにした。次の瞬間に、なぜ自分はこれだけ苦しんでいるのか、自分の外側にいる何かに苦しめさせられているのではないか、という発想を得た。精神的に死ぬということは悪魔に魂を売るに等しいと思えた。それならばそれで、自分を苦しめてきたものは何か、暴いて世の中にしらしめてやろう、それまでは自殺してはいけないと決めた。

私は自分を徹底的に分析しようとした。そのうち自分の心の中で、もう一人の自分がかなり距離を取って遠目で自分をながめている、というようなイメージを持つようになった。今まで本書では、小集団の優位の場の社会をみはらせるように、タカの目を持ってながめよう、と書いてきたが、この時の私もある種の遠巻きの視線をイメージしていた。いわば「心理的なタカの目」を持った。

この時には何に苦しめられてきたのかはわからないし、精神的に生まれ変わるということはどういうことかもわからなかったが、今まで良しとしてきたことに疑問を呈し、今まで悪としてきたことに光を見出してみようとした。そもそも近しい他人や家族にも自分の悩みは伝えていないし伝える言葉もないし、誰一人悩んでいることを知る人もいない。そういう自分をフォローできるのは自分しかいなかった。やがて、毎夜寝る前に一日何をやったか反芻し、それに対して「それでよい、大丈夫」と自分で承認するような習慣がついた。

今から振り返るに、このような日々こそ、自分にとって最も貴重な経験だった。後に私は普通に働くようになるし会社でもそこそこの評価をもらうようになった。結婚もして子供も授かった。つまり何年も後になって、外形的にはまあまあの人生を送る人間になったのだが、大事だったのは、未だ何にもなっていない、何者でもない人間として静かに暮らしていたこの日々だった。この日々の生活の中に新しい次の自分が芽生え始めていた。

この日々では、自分自身が自分の親になっていた。親となっている「自分」はその本音を決して他人に漏らさない、他人と共感し合わないことになっていた。安易に他人と共感しようとすればそれは「自分」ではなくただの自分になってしまうからだ。今から思うに、自分を苦しめていた日本という物語に囲まれているので、それとは直接接触しない絶対不可侵の領域を自分の中に作ることが大事だったのだと思う。

こうやって日々考え抜いていった結果、自分を認めてあげることが大事だと悟った。

脱ぎ捨てなければならないものは、ひとかどの人物にならなければならぬという観念だった。脱ぎ捨てた結果代わりにするりと入ってきたものは、まず自分は今のままでよいという、今の自分を肯定する思考だった。えらい学者さんにならずとも自分は良い、と認めてあげることは今までなかったことだった。

この、ひとかどの人物にならねばならぬとする観念は日本のほとんどの男性が持つ、というか自然に持たされている、もしくは持たされようとしている、と思う。第三章で触れた「男性性の国民文化」だ。日本の男性はこの、とてもしんどそうな「物語」の虜にされている。直接的にこの観念を植え付けようとする働きは親が仕掛けている。だいたい父親が、子への期待という形で、してしまっている。私の場合もこの圧力の物語からサヨナラしてしまう態度が、余計な観念を脱ぎ捨てることにつながった。

やがて大きな目標を立てるのではなく自分にできる小さな目標を設定して歩むことを考え始めた。他大学はあきらめて一浪後に所属大学の院に入り卒業した。学者ではなくて専門の志望で会社に就職した。

職場では挨拶から難しく人とあまり話せず、電話が怖くて取れない新入社員だった。ダメ人間のレッテルは一か月以内には張られていた。直属の上司からは毎日のように叱られたが私には余裕があった。自分の心の中にいるもう一人の自分が、

「大丈夫だ、落ち着いていこう」

と励ましてくれていた。個を確立するために必要な、何者にも侵されない絶対不可侵の壁を、形成したと思う。周りから何を言われようとも心が折れることはなかった。

ただし客観的な評価はわかっているので、こつこつと対処することとした。人よりやることが劣るので、その分、人より少しだけ多く努力することに決めた。挨拶は、徐々にできていった。電話も2年目に後輩ができると率先するようになった。3年目にもなると普通の若手社員くらいの評価にはなっていた。ただし人よりほんの少しだけ多く努力する習慣は根付いてしまったので、勤務時間以外にも仕事の方向性などを考えるようになっていた。会社から売上挽回の提案を全社員が求められた時に、私が提出したプロジェクト案が採用された。それはその何年も前から自分勝手に時間外で考えていた計画だった。失敗に終わるが、全社的な志向のプロジェクトは、結果的に、他部署から多くの仲間をもたらしてくれた。挨拶すらろくにできないダメ新入社員だった自分が、さまざまな部署の多くの人から声を掛けてもらえる中堅社員に変わっていた。

それで、収まらなかった。その理由もまた、

「人よりもほんの少し多く努力する」

習慣だった。これ以上自分が会社に残っても成長できる道筋を見出せなかった。プロジェクトを任されたことにより、会社組織のいやらしい側面を見たことも理由だった。

そういえば若いころの自分は、自分を苦しめた原因を突き止め、あばくことを目標にしていたと、思い出した。すでに妻子がいたが会社を辞め、ひきこもり支援をしているNPOに参画した。助成金を利用して就労支援活動を立ち上げることができた。自分の経験を生かせれば支援もできると思っていたが最初で大きくつまずいた。親との確執がきっかけで若者が活動にこられなくなったのだ。ひきこもり支援の場所を訪ねることは本人ではなく家族、それも母親が多い。親の依頼を受けて援助をいただきながら本人に関わっていく。その中で親子の問題に注視せざるを得なかった。ひきこもりの問題には親子関係が大きく影響しており、比較的良好であることが問題の解決につながるようだった。何によってそうなっているのか当時の私はわからなかった。

つまり私はこの時点で、本書で書いたような社会構造のことは何もわかっていなかった。それはつまり、私自身のことさえ何もわかっていなかったことになる。いろいろありながら活動を続けたが、支援期間を終えて「卒業」したものの就労を果たせなかったある若者が自殺した時に、私は自分が物事を十分には追及していないと、徹底的に悔やんだ。毎日若者の顔が頭に浮かび、一体何が原因だったのか、何をすればよかったのか、いつも考えた。もっと真剣に追及できなかったのかと、今さらながらにいろいろな本を読み漁った。多くは社会学の代表的な教科書だった。中根千枝の『タテ社会の人間関係』は１９６０年代の本だが、今に通じる大切なことを教えてくれていると思った。

その結果私は何かを理解したかというと、まだできなかった。日本の若者が何によって苦しんでいるのかを理解するための最後の大事な鍵は、自分の親としての経験だった。それまでひきこもり当事者の親の態度に不信を持つこともあったが、確信ではなかった。自分が親として子を育て上げていくうちに、親の側の苦労もわかり、その上で親の問題を経験としても理解できるようになった。その時ようやく社会学の知識と目の前のひきこもりの家族や障害ある方たちの像がしっかり結び付いた。

今の時点からでは35年前の学生時代に、私は一度、精神的に死んだ。それは悪魔に身を売るに等しい、それまでの自分をすべて抹殺してしまう所業だった。それと引き換えに、自分を苦しめてきたものは何か、暴いて世の中にしらしめてやろう、と決心した。それを決めた時には、その一つのことがどれだけ大変なことか、全くわかっていなかった。とはいえ、35年もかかることだったろうか。私には必要な年月だった。

ひとまずは過去の私との約束を、本書の執筆を通して、やり終えたと考えている。

本書を今までお付き合いいただき、まことにありがとうございます。

最後に一言だけ付け加える。日本には小集団の優位を表すことわざがいろいろとある。最も代表的なものは「出る杭は打たれる」「長いものには巻かれろ」などというものだ。しかし本書を書き終えるにあたって私はこの本をお読みの日本人の専門家である同志にもう一つの言葉を贈りたい。

あなたの思いや行動を「お天道様は見ている」。日本にもこのようなことわざがある。解釈は取りようかもしれないが、私は本書にそって言い添えたい。自分自身が周囲からの影響を気にせずに個人として動いていくに際し不安はあるだろうが、そのために、この日本にも、お天道様がいるのだ。お天道様だけは、あなたのことをいつも見てくれているから、心配せずにあなたの道を歩いていこう。

本書を書き終えるにあたって、私に関わってくださった全ての人にお礼を申し上げたい。とりわけ会社を辞めてひきこもり支援団体の定例会を訪れた時、当時の代表が、この法人に関わらせてくださいと言った見ず知らずの人間に対して即決で、

「いいよ」

と言ってくださったことは忘れられない。その後私の収入が不安定な時に弁当配食のＮＰＯ法人で働かせていただいた際も、責任者から即決で了承を得た。また近隣の精神科病院で売店の運営を任された時も、当時そこで働いていた患者さんの雇用を守るために、病院側からさまざまな便宜を図っていただけた。他にもさまざまな法人に関わらせていただけたことで、ひきこもりの若者や精神障がい者の方の体験や就労の場も開拓できた。日本という物語は小集団の構成とタテの序列が特色なのだが、私が関わらせていただけた所では法人の枠を超えたヨコのつながりも強く、個人の力も信じていただけた。これらの出会いの多くは偶然であり、そのつながりも得てはじめて本書は生まれた。

あるいはひょっとして、私のような者のことも、お天道様が見てくれていたのかもしれない。

出版に際しては、文芸社さまに拾い上げていただき丁寧なサポートをいただけたことに感謝いたします。

参考資料

『「つながり」の精神病理　中井久夫コレクション』中井久夫（筑摩書房・２０１１年）
『タテ社会の人間関係』中根千枝（講談社・１９６７年）
『タテ社会の力学』中根千枝（講談社・１９７８年）
『「空気」と「世間」』鴻上尚史（講談社・２００９年）
『日本／権力構造の謎』カレル・ヴァン・ウォルフレン（早川書房・１９９４年）
『人を動かすナラティブ』大治朋子（毎日新聞出版・２０２３年）
『自死の日本史』モーリス・パンゲ、竹内信夫・訳（筑摩書房・１９８６年）

著者プロフィール

長井 潔（ながい きよし）

1966年生まれ。大阪府出身。
1993年　神戸大学理学部修士課程卒業。
　　　　大関株式会社、総合研究所に勤務。
2005年　NPO法人日本スローワーク協会に勤務。
大阪府内でひきこもりや精神障がい者の支援に従事する。
現在に至る。

日本という物語にサヨナラ
～空気を読まない人になる～

2025年３月15日　初版第１刷発行

著　者　長井 潔
発行者　瓜谷 綱延
発行所　株式会社文芸社
〒160-0022　東京都新宿区新宿1－10－1
電話　03-5369-3060（代表）
03-5369-2299（販売）

印刷所　株式会社暁印刷

ISBN978-4-286-26281-9